MARIE

ET

CAROLINE.

De l'Imprimerie de DENTU, rue Honoré,
vis-à-vis l'Église Saint-Roch, n.º 94.

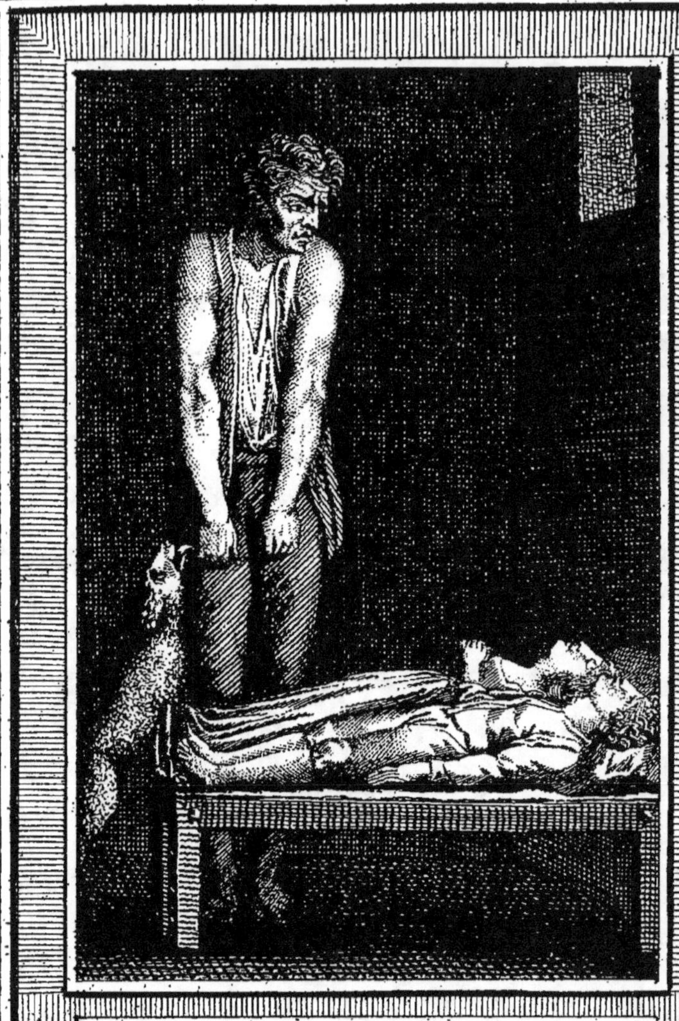

Son chien dressé sur ses pattes, léchait ses mains, et s'efforçait d'attirer son attention : Pour toi, lui dit-il, tu ne m'abandonneras pas, j'espère ?

MARIE

ET

CAROLINE;

OU

ENTRETIENS

D'UNE INSTITUTRICE

AVEC SES ÉLÈVES.

Traduit de l'anglais,

DE MARIE VOLLSTONECRAFT GODWIN.

Orné de cinq gravures.

PARIS,

DENTU, Imp.-Lib., Palais-Egalité,
galeries de bois, n.º 240.

AN VII.

A

AUGUSTINE.

Il y a aujourd'hui dix ans que vous êtes née. Aimable enfant, recevez, en mémoire de cet heureux évènement, l'hommage que je vous fais de cette traduction. L'amitié vous l'avait déja destiné. Quand on a lu, comme vous l'avez fait, Homère et Condillac, on devient difficile pour ses lectures ; mais vous aimez les histoires, et surtout celles qui ont un but moral. Le pauvre Robin, j'espère, vous fera verser plus d'une larme ; et ces larmes, bonne et sensible Augustine, vous en feront un jour essuyer beaucoup d'autres. Du reste, cet ouvrage ne contient que ce que vos mamans vous répètent tous les jours, et dont vous êtes si persuadée, que le vrai bonheur consiste dans l'accomplissement de ses devoirs et l'exercice de la bienfaisance. Je n'ai donc voulu vous offrir qu'un témoignage de souvenir et d'attachement.

Votre plus ancien ami

LALLEMANT.

PRÉFACE.

Ces entretiens sont appro-
priés à l'état présent de la société, qui fait une loi à l'auteur
d'essayer de corriger par la raison des défauts, dont le cœur
et l'esprit des enfans devroient
être soigneusement préservés.
De bonnes habitudes, intro-
duites peu à peu, sont une
recette plus infaillible que les
préceptes de la raison ; mais
comme ce moyen exige plus
d'expérience que n'en ont en
général les pères et mères, il
faut substituer un autre régime
à celui qui eût le mieux con-

venu. Les personnes accou-
tumées à réfléchir sur elles-
mêmes, tomberont facilement
d'accord avec moi, que la raison, même dans toute sa force,
a de la peine à triompher des
habitudes : pourquoi donc laisser les enfans prendre des chaî-
nes que leurs facultés, à demi
formées, ne sauroient rompre?

Je me suis attachée, dans la
composition de ces entretiens,
à une grande clarté et simplicité de style. J'en ai écarté
avec soin ce ton complimen-
teur, si fort étranger aux véritables affections du cœur. Par

cette fausse politesse, la sincérité est sacrifiée, la vérité violée, et l'on apprend aux enfans à mettre l'art à la place de la nature. La vraie politesse a une expression simple ; elle naît avec nous plutôt qu'elle ne s'enseigne. On ne polit, d'ailleurs, les pierres précieuses que lorsqu'elles ont acquis assez de solidité pour résister au frottement.

L'instruction, vraiment utile, doit avoir une marche graduée, et dériver plutôt de l'exemple que du précepte. L'exemple parle directement aux sens, ces

premiers conducteurs des idées
et du sentiment : l'éducation
doit donc s'attacher principalement à perfectionner ces instrumens de l'entendement,
comme ceux sur lesquels nous
avons plus de prise. Exiger de
la génération présente que les
pères et mères dirigent les passions de leurs enfans, lorsqu'ils
ont les leurs propres à com-
battre, et que, livrés à la poursuite de plaisirs fastidieux, ils
négligent ceux que leur indique
la nature, c'est vouloir la chose
impossible. Préparons donc les
voies à la génération suivante;
et, en enseignant la vertu, sou-

mettons-nous à la cruelle nécessité de faire connoître la
nature du vice.

Ces entretiens ont été com-
posés autant pour le maître que
pour le disciple. On a voulu
prévenir par-là l'objection qui
auroit pu être faite, que les
principes qu'ils renferment ne
sont pas à la portée de tous les
élèves. Chaque enfant exige un
degré d'instruction différent;
mais un écrivain ne pouvant
présenter qu'un plan uniforme
d'éducation, c'est aux institu-
teurs à le modifier suivant les
circonstances.

La vérité, l'humanité, re-
posent constamment dans cet
ouvrage, sur la croyance d'un
Être-Suprême, créateur et ré-
gulateur de l'univers, auteur et
centre de tout bien, témoin et
juge de nos actions. Par-tout la
religion, dégagée de tout sys-
tême théologique, y prête son
appui à la morale. L'une y enseigne aux enfans les rapports
de l'homme avec la Divinité;
et l'autre, ceux qu'il a avec ses
semblables.

INTRODUCTION.

Marie et Caroline, quoique les enfans de parens riches, furent abandonnées, pour ainsi dire, en naissant, aux soins des domestiques. Leur mère mourut subitement; et leur père, qui les trouvoit trop bruyantes, les envoya chez une parente très-proche, femme aussi sensible qu'instruite, qui voulut bien se charger de leur éducation.

Elles étoient très-ignorantes pour leur âge; car Marie avoit quatorze ans, et Caroline douze. Heureux encore si elles n'avoient été qu'ignorantes, la tâche eût été moins difficile à remplir; mais elles étoient imbues de tous les préjugés des gens avec qui elles avoient vécu depuis leur enfance. Mistriss Mason, pour les en guérir, et substituer de bonnes habitudes aux mauvaises qu'elles avoient contractées, ne les perdoit jamais de vue. Elle leur permettoit de lui faire toutes les questions qui leur passoient par la tête; méthode qu'elle n'eût jamais adoptée, si leur première éducation eût été soignée, comme elle auroit dû l'être.

Ces deux élèves ne manquoient pas de capacité; mais Marie avoit un penchant au ridicule, et Caroline étoit fort vaine de sa personne. Les éloges indiscrets qu'on s'étoit permis de faire devant elle de sa beauté, lui avoient-inspiré de bonne heure un grand amour pour sa figure.

MARIE

ET

CAROLINE;

Ou Entretiens d'une Institutrice
avec ses Elèves.

CHAPITRE PREMIER.

Une belle matinée du printemps, quelques jours après que Marie et Caroline eurent été installées chez mistriss Mason, celle-ci leur proposa une promenade avant le déjeûner; usage qu'elle desiroit d'établir pour le faire servir à l'instruction de ses élèves.

La rosée demeuroit encore suspendue à chaque brin d'herbe, et

remplissoit le calice des jeunes fleurs;
la campagne étoit charmante, et la
fraîcheur de l'air portoit à l'ame de
mistriss Mason les plus agréables
sensations. Les enfans seuls paroissoient indifférens au spectacle qui
les environnoit, et ils s'amusoient à
attraper des insectes pour les tuer.
Mistriss Mason observoit en silence
leur cruel divertissement, lorsqu'elle
quitta tout-à-coup le sentier où elle
se trouvoit pour entrer dans l'herbe
déja grande. Elle y étoit à peine,
qu'elle chercha à en sortir, à cause
de l'humidité. Les enfans, qui se
rappeloient qu'elle en avoit été dernièrement incommodée, et étonnés
qu'elle s'y fût exposée de nouveau,
interrompirent leur chasse, pour
venir s'informer du motif qui lui
avoit fait abandonner le sentier.
Marie eut toutes les peines du monde
à s'empêcher de rire, quand elle

apprit que c'étoit pour éviter d'écraser des limaçons qui se rencontroient dans ce passage étroit.—Vous pensez donc, dit-elle à mistriss Mason, qu'il y a du mal à écraser un limaçon ou quelqu'autre de ces vilaines petites bêtes qui rampent par terre? Pour moi, je les déteste ; et je crois que je crierois bien fort, si j'en sentois une grimper sur moi. Mistriss Mason, prenant la parole, lui demanda d'un air très-grave comment elle pourroit se déterminer à ôter la vie à un insecte qui ne lui faisoit point de mal. Elle lui dit ensuite d'un ton plus affectueux : Votre éducation, à ce qu'il me paroît, ma chère Marie, a été bien négligée. Nous pourrions, pendant que nous nous promenons, employer le temps à des entretiens utiles ; je vous engage donc, ainsi que Caroline, à rester auprès de moi.

Vous savez, mes petites amies,

que c'est Dieu qui a fait le monde et tout ce qu'il renferme. Il est donc notre père commun ; et ce Dieu, plein de justice, de sagesse et de bonté, nous a tous créés pour être heureux. Quand il fit les limaçons que vous méprisez, les chenilles et les araignées, il ne les destina pas à périr de misère ni de faim ; mais il les répartit dans les endroits où ils pourroient trouver à se nourrir plus facilement. S'il ne leur a pas accordé une longue existence, du moins il leur donna l'instinct de déposer leurs œufs sur les plantes les plus propres à alimenter leurs petits, jusqu'à ce qu'ils soient assez forts pour pourvoir eux-mêmes à leur subsistance. Et, quand un Être, aussi grand, aussi bon et aussi sage, a pris tant de précautions pour conserver et rendre heureuses ses plus petites créatures, vous osez les détruire, parce que vous ne les aimez pas ! Marie, dont ce discours avoit paru captiver l'attention, suivit bientôt l'exemple de mistriss Mason, en prenant quelques insectes entre ses doigts. — Vous voyez, mon enfant, lui dit mistriss Mason, qu'ils ne vous font point de mal ; mais comme leur trop grand nombre pourroit être nuisible à nos végétaux et à nos fruits, la Providence tolère que les oiseaux les mangent, comme nous, nous mangeons les animaux ; et c'est surtout dans le printemps qu'il s'en fait la plus grande destruction pour les pontes. Mais, dit Marie à moitié convertie, les vers sont donc aussi de quelque utilité dans ce monde ? Oui, lui répondit mistriss Mason, et Dieu pourvoit pareillement à leur conservation, tandis que vous vous amusez à les détruire. Très-certainement je suis plus forte que vous, et cependant je ne vous tue point.

Mais approchez, mes enfans, et voyez ces fourmis qui ont leur habitation sous cette butte de terre. Elles y portent de la nourriture à leurs petits ; et c'est là que, pressées les unes contre les autres, elles demeurent engourdies tout l'hiver. Les abeilles se bâtissent aussi des espèces de villes très-commodes, où elles fabriquent une grande quantité de miel pour leur subsistance, quand les fleurs disparoissent, et que la neige couvre la terre ; et cet esprit de prévoyance est en elles un don de Dieu, comme toutes les qualités que vous possédez.

Puissiez-vous, mes petites amies, n'employer ces facultés qu'au bonheur de tout ce qui respire ! Mais connoissez-vous bien les devoirs que vous avez à remplir envers tous les êtres vivans ? — Vous hésitez à répondre.... Allons, je vais le faire pour vous. Ces devoirs, mes enfans, sont renfermés dans ces deux obligations : la première, de nous abstenir de nuire; la seconde, de faire le plus de bien possible. Si malheureusement je me trouve forcé de détruire quelques insectes pour préserver mon jardin de leurs ravages, j'évite avec soin de prolonger leurs tourmens. Je pourvois du mieux que je puis à la nourriture des animaux que j'élève, et je ne souffre jamais qu'on les maltraite. J'agis en cela par un double motif; d'abord, je desire de rendre ces pauvres bêtes heureuses; et ensuite, comme j'aime encore mieux mes semblables que les animaux, je serois fâchée que les personnes à qui je confie le soin de ma basse-cour devinssent cruelles et insensibles au premier de tous les plaisirs, celui de faire du bien.

Le chant d'une alouette qui voloit dans les environs, détourna l'attention des petites filles. Curieuses de savoir ce qui pouvoit attirer cet oiseau si près du lieu où elles se trouvoient, elles conjecturèrent qu'il devoit avoir son nid dans le voisinage. Elles ne se trompoient pas ; car l'alouette s'étant abattue sur une haie, elles entendirent crier les petits. Un moment après, elles virent le père et la mère s'envoler de compagnie, sans doute pour aller leur chercher à manger. Par malheur survint un méchant petit garçon avec un fusil : il les ajusta, et les fit tomber. Il s'empressoit de ramasser sa proie, lorsque, découvrant mistriss Mason, et craignant d'en être reprimandé, il prit la fuite. Les enfans et leur institutrice, étant accourues au secours des malheureux oiseaux, trouvèrent que la femelle n'étoit que légèrement blessée, tandis que le mâle avoit une jambe cassée et les ailes brisées. Ses petits yeux sembloient lui sortir de la tête, tant ses douleurs étoient vives. — Voyez comme ce pauvre oiseau souffre, dit mistriss Mason, en s'adressant aux enfans, dont l'attention paroissoit distraite; certainement vous ne souffriez pas autant, lorsque vous aviez la petite-vérole; et vos maux, d'ailleurs, etoient adoucis par les soins les plus tendres. Prenez la femelle; je vais essayer de lui raccommoder l'aile. Pour le mâle, quoique j'aie de la répugnance à tuer un animal, je dois mettre fin à ses tourmens; car il y auroit de la cruauté à le laisser souffrir plus long-temps. Si, pour m'épargner une sensation pénible, je cherchois à prolonger son existence, ce seroit foiblesse, et non humanité de ma part.

La compagnie avoit repris sa pro-

menade , lorsque Caroline fit l'observation que les petits , privés ainsi
de leur père et de leur mère , cou-
roient risque de périr. Elle étoit
chargée de la pauvre mère , et elle
la sentoit, en approchant du nid,
s'agiter violemment dans sa main,
et essayer de s'envoler. Marie se
joignit alors à elle pour demander
la permission à mistriss Mason de
prendre les petits , et de les renfermer dans une cage avec leur mère,
afin de voir si celle-ci ne pourroit
pas, tout en clochant, leur continuer
ses soins. La permission fut accordée;
et , l'enlèvement fait, Marie enve-
loppa dans son mouchoir la mère et
les petits. Elle y laissa, à l'introduc-
tion de l'air, une petite ouverture,
par laquelle Caroline regardoit fré-
quemment, pour savoir comment se
portait toute la famille. Je ne vous
ai permis de prendre ces oiseaux,

leur dit mistriss Mason, qu'à cause
du malheureux accident qui les avait
privés du secours de leurs parens ;
car autrement je n'eusse jamais con-
senti à la perte de leur liberté.

En entrant dans un champ voisin,
mistriss Mason et ses élèves rencon-
trèrent un autre petit garçon qui tenoit un nid dans sa main. Près de là
étoit perchée sur un arbre la pauvre
mère qui, surmontant sa timidité naturelle, poursuivoit le ravisseur de ses
petits. Ses cris perçans attendrirent
les enfans, dont le cœur commençoit
à s'ouvrir aux accens du malheur.
Caroline appela le petit garçon ; et,
tirant six sous de sa bourse, elle les lui
offrit pour le nid, et à condition qu'il
lui indiqueroit l'endroit où il l'avoit
pris. L'enfant accepta, et Caroline
courut reporter le nid, s'occupant tout
le long du chemin de la joie que la
mère alloit éprouver en revoyant ses

petits. Cet évènement faisoit encore le sujet de la conversation, lorsque, parvenues à l'entrée d'une *commune*, l'institutrice et ses élèves aperçurent devant la porte d'une étable plusieurs ânons qui se débattoient pour y pénétrer. On avoit été obligé de renfermer les mères, de peur que les petits ne leur laissassent plus de lait pour de pauvres malades du voisinage; mais l'enfant qui les gardoit, après avoir tiré la quantité de lait à réserver, avoit oublié de faire sortir les ânesses ; et leurs petits, comme de raison, réclamoient la part de nourriture à laquelle la nature leur donnoit droit. — Ouvrez, ouvrez la porte, cria mistriss Mason; les mères doivent avoir assez de lait pour satisfaire leurs petits. — La porte fut ouverte, et les enfans jouirent du plaisir de voir tetter les ânons.

Nous pouvons à présent, dit mis-

triss Mason, aller déjeûner. Donnez-
moi la main, mes enfans, je suis
très-contente de vous ce matin. Vous
vous êtes comportées en personnes
raisonnables. Quelle belle matinée !
Les insectes, les oiseaux, et les autres
animaux, tous se réjouissent de la
beauté du temps. Remerciez Dieu,
mes petites amies, de vous y avoir
fait participer ; et, pour reconnoître
la grace qu'il vous a faite en vous
douant de la raison, imitez-le en
opérant le bien. Différent des animaux qui ne semblent destinés qu'à
propager leur espèce, l'homme, par
la culture de son esprit et de son
cœur, est susceptible de perfectibi-
lité. Toutes les parties de la création
présentent un vaste champ à l'exercice de son intelligence et de sa sensibilité, et plus il est bienfaisant, plus
il est heureux.

CHAPITRE II.

APRÈS le déjeûner, mistriss Mason
fit lire à ses élèves les contes de mistriss Trimmers. Cette lecture fournit
matière à reparler des animaux et
des cruautés qu'on exerce contre eux.
Marie et Caroline sentoient leur jeune
cœur se soulever d'indignation, et
elles supplièrent leur institutrice de
les charger du soin journalier de donner à manger aux petits poulets. —
Volontiers, leur répondit-elle, mais
à condition que vous ne les ferez jamais attendre. Quand on vous oublie,
vous patientez ou vous demandez;
mais les pauvres bêtes ne raisonnent
ni ne parlent. Je me trompe; Dieu,
dont la providence s'étend à tout,
leur a donné une expression qui n'é-
chappe point aux personnes atten-

tives à observer leurs cris, leurs regards et leurs mouvemens; et c'est
ce qui est arrivé ce matin à Caroline,
lorsqu'aux cris d'une mère au désespoir, elle a couru replacer le nid
qu'avoit enlevé un mauvais petit
garçon.

Marie interrompit mistriss Mason
pour lui demander si les insectes et
les autres animaux étoient d'une
espèce inférieure à celle de l'homme.
Oui, ma fille, lui répondit l'institutrice, en ce que celui-ci a reçu l'intelligence en partage.

Les oiseaux que vous avez vus ce
matin en sont privés, ou elle se borne
chez eux à ce qui touche leur conservation. Chaque espèce construit aujourd'hui ses nids comme elle les
construisoit autrefois, quoiqu'il doive
arriver aux individus d'en apercevoir
dans leurs tournées de plus beaux ou
de plus commodes; et supposé que

ce fût un acte de leur volonté de ne pas chercher à les imiter, on remarqueroit, du moins, dans leurs constructions, des améliorations progressives, et c'est ce qui n'est point. Vous avez vu une femelle s'arracher une partie de ses plumes pour faire un nid à ses petits ; vous l'avez vue casser du grain avec son bec, sans se permettre d'en avaler un seul morceau, avant qu'ils ne fussent tous rassasiés. Se plaçant ensuite sur eux, elle les couvrit de ses ailes, et sembloit parfaitement heureuse dans cette position. Si quelqu'un approchoit, elle étoit prête à défendre ses petits au péril de sa propre vie. Eh bien, sous quinze jours, lorsqu'ils auront des plumes, vous la verrez, oubliant cette tendresse qui paroissoit être en elle plutôt un sentiment qu'une simple sensation, les chasser du nid.

Les animaux, mes enfans, n'ont

aucune affection raisonnée. Ils ne peuvent ni faire le bien, ni apprendre à le connoître. Toutes leurs émotions participent de la nature de nos mouvemens involontaires. Il est donc probable, ainsi que je vous l'ai déja fait observer, qu'ils n'ont été créés que pour propager leur espèce. Si vous les caressez, si vous leur donnez à manger, ils vous aimeront, comme font les enfans, sans pouvoir s'en rendre compte. Ils sont aussi dépourvus d'imagination que de moralité. Ces sentimens qui exaltent si fort le cœur de l'homme, l'amitié et la reconnoissance, ils ne sauroient en avoir la moindre idée ; car l'amitié est fondée sur l'expérience et la vertu, qui sont deux acquisitions de l'homme ; et la reconnoissance suppose le sentiment du bienfait.

Les élèves prièrent alors mistriss Mason de leur enseigner ce qu'elles devoient faire pour montrer qu'elles étoient supérieures aux animaux. —Les aimer, leur répondit-elle, et leur éviter les maux qu'ils ne sauroient prévoir, faute d'intelligence. Ce n'est qu'aux animaux seuls que les enfans peuvent faire du bien ; car eux-mêmes ont besoin des grandes personnes. Quand j'étois à votre âge, ajouta leur tendre amie, je me faisois une étude et un délice de soigner les animaux de la maison, et je n'étois jamais plus heureuse que lorsqu'ils l'étoient eux-mêmes. Ce genre d'occupation disposa mon cœur à devenir sensible, lorsque, comme une cire molle, il étoit susceptible de toute sorte d'impressions ; et la Providence m'a bien récompensée depuis, en faisant de moi un instrument utile au bonheur de mes semblables. En effet, moi qui n'ai jamais nui volontairement à un in-

secte, ni fermé l'oreille aux cris plain-
tifs d'aucun animal, je puis maintenant donner du pain au malheureux
qui n'en a pas, une médecine à celui
qui est malade, des consolations aux
affligés; et, ce qui m'est bien doux
encore, mes chers enfans, je puis con-
tribuer à vous rendre heureuses ici-
bas, en faisant de vous, un jour, de
bonnes mères de famille. Ce monde
n'est qu'une préparation à l'éternité,
un passage à un autre état meilleur :
on y arrive par les souffrances et les
privations ; mais les animaux ne
participant point à cet avantage,
l'homme, du moins, ne doit pas les
empêcher de jouir de tout le bonheur
qu'ils peuvent goûter sur la terre.

La tendresse des chattes et des
chiennes pour leurs petits les porte
quelquefois jusqu'à les tuer, lorsqu'on veut les leur enlever : on en
a vu même périr de chagrin après

l'enlèvement consommé, quoique tous leurs petits ne leur fussent pas également chers.

Une chienne, dont on avoit noyé les siens dans le ruisseau voisin, courut les y chercher et les apporta l'un après l'autre aux pieds de son cruel maître. Là, après les avoir considérés quelque temps avec l'air du désespoir, elle expira, les yeux fixés sur leur bourreau.

J'ai connu un homme dont le cœur s'étoit endurci au point de trouver du plaisir à tourmenter les animaux qui avoient le malheur de lui appartenir. Je l'ai vu un jour, précipiter d'un toît deux cochons d'Inde pour essayer s'ils se tueroient en tombant. — Et périrent-ils, s'écria Caroline? — Heureusement ils se tuèrent, répondit mistriss Mason, car le monstre eût imaginé d'autres moyens de les faire souffrir. Cet homme devenu père, a non-seulement négligé d'élever ses enfans et de leur donner de bons exemples, mais il les rendit cruels à leur tour, à force de les maltraiter ; ils l'abandonnèrent quand il devint vieux et infirme, et ce malheureux fut trouvé un jour mort dans un fossé.

Vous pouvez maintenant, mes enfans, aller donner à manger à vos oiseaux, et cueillir des fleurs autour du jardin. Cet après-midi, si le temps continue à être beau, nous irons nous promener dans le bois, et je vous ferai voir sur la montagne de pierres à chaux la grotte qu'habitoit le pauvre Robin avec son chien.

CHAPITRE III.

Aussitôt que mistriss Mason et ses élèves eurent achevé de dîner, elles se mirent en route et parvinrent

à un endroit de la montagne où prenoit naissance un ruisseau, dont le
murmure interrompoit seul le silence
d'alentour. Après que le ruisseau se
fût perdu dans le bois, les enfans
s'arrêtèrent à considérer des carrières
où le lière croissoit en abondance.
Mistriss Mason leur ayant indiqué,
en même temps, l'entrée d'une petite
grotte, les engagea à s'asseoir sur
quelques troncs d'arbres voisins pour
entendre l'histoire qu'elle avoit promis de leur raconter.

Dans cette grotte, leur dit-elle,
vivoit autrefois un pauvre homme,
connu généralement sous le nom de
Robin le fou. Cet homme, né avec
beaucoup d'intelligence et de bonnes
qualités, avoit épousé la laitière de ma
mère, qui méritoit un aussi digne
mari. Ils vécurent pendant quelque
temps, fort à leur aise, de leur travail
journalier; mais Robin prévoyant

qu'il auroit une nombreuse famille, emprunta quelque argent qui, joint au fruit de ses épargnes, l'aida à prendre une petite ferme dans la contrée voisine : j'étois alors enfant.

Dix ou douze ans après, j'entendis raconter qu'un homme dont l'esprit paroissoit aliéné, avoit rassemblé sur le bord du ruisseau un grand nombre de pierres : il alloit les chercher au fond de l'eau, accompagné d'un chien qu'il appeloit tantôt sa Jacky, tantôt sa Nancy, et à qui, chemin faisant, on lui entendoit répéter à mi-voix : *Tu ne me quitteras pas, j'espère; nous habiterons avec les hibous parmi le lière.* En effet, il s'y retiroit beaucoup de ces oiseaux. Les pierres que ce malheureux étoit parvenu ainsi à rassembler, il les transporta à l'entrée de la grotte, à qui il ne laissa que l'ouverture nécessaire pour s'y introduire en rampant. Lorsque les gens du voisinage eurent découvert que c'étoit Robin, je m'empressai d'envoyer savoir ce qui l'avoit réduit à un état si déplorable.

Je vais tâcher, mes petites amies, de vous rapporter en peu de mots les informations que je recueillis. Cet infortuné avoit perdu plusieurs de ses enfans, lorsqu'ils étoient encore dans un âge très-tendre; et deux ans avant de revenir dans son pays, éprouvant malheur sur malheur, il avoit fini par tomber dans le désespoir. Pour surcroît d'infortune il se trouvait encore très-arriéré envers le propriétaire de sa ferme, qui sachant heureusement, que c'étoit un honnête homme et un bon père de famille, évita de lui faire de la peine : mais ce particulier étant venu à mourir, pendant que la femme de Robin étoit en couche de son dernier enfant,

(39)

l'héritier envoya saisir leurs meubles.
La personne qui avoit prêté de l'argent au mari, voyant qu'il ne lui
restoit plus rien, le fit arrêter et
traîner en prison , laissant au dé-
pourvu sa femme et ses enfans. La
faim se fit bientôt sentir à ceux-ci,
et au milieu des soins que la pauvre
mère fut obligée de se donner pour
pourvoir à leur nourriture, le froid
la saisit. Privée de tout secours et
d'alimens convenables à son état, sa
maladie dégénéra bientôt en une
fièvre putride, qu'elle communiqua
à deux de ses enfans, qui en mou-
rurent ainsi qu'elle. Les deux qui
restoient, Jacky et Nancy, furent
rejoindre leur père, dans sa prison ,
emmenant avec elles un petit chien ,
fidèle compagnon de leur misère.

Les enfans alloient mendier le
jour, et revenoient coucher le soir
auprès de leur malheureux père. La

pauvreté et le mauvais air, eurent bientôt terni l'éclat des roses répandues sur leurs joues; elles contractèrent la fièvre des prisons, dont elles périrent. Le pauvre père, privé par là de tous ses enfans, resta penché sur le lit de mort des deux derniers, dans l'attitude du plus violent désespoir, et pendant les deux ou trois heures qu'il conserva cette position, les yeux constamment fixés sur les objets si chers que la mort venoit de lui ravir, il ne lui échappa ni une larme, ni un soupir. Son chien dressé sur ses pattes, léchoit ses mains, et s'éfforçoit d'attirer son attention : lorsqu'il parut remarquer ses caresses, il lui dit, d'une voix étouffée : *Pour toi, tu ne m'abandonneras pas, j'espère !* et bientôt après il lui prit un sourire convulsif. Les corps des enfans enlevés, le malheureux père continua de donner des marques de désespoir, et souvent même de frénésie ; mais ses grandes douleurs s'étant calmées avec le temps, il tomba dans l'abattement et la démence. Comme on ne le surveilloit plus alors aussi exactement, il parvint un jour à s'échapper, avec son chien, et il se rendit directement dans son village.

Aussitôt que j'en fus informé, je cherchai à améliorer son sort. Je lui envoyai les choses dont il pouvoit avoir besoin ; mais il les refusa toutes, à l'exception d'une natte sur laquelle il dormoit quelquefois, son chien à ses côtés. La nourriture que je lui faisois porter, il l'a donnoit constamment à celui-ci, se contentant pour lui de fruits sauvages et autres alimens de même qualité. Je ne le rencontrois jamais que je ne l'appellasse, et il me suivoit quelquefois dans la maison que j'habite encore aujourd'hui. Il y venoit de lui-même dans l'hiver, et acceptoit un morceau de pain. Il s'amusoit à ramasser du cresson dans l'étang, et il me l'apportoit, ainsi que des bouquets de thym qu'il recueilloit sur la montagne. Son chien, grand aboyeur de son naturel, aimoit beaucoup à courir après les chevaux. Un jour, pendant que son maître étoit occupé à ramasser du cresson, il s'élança après le cheval d'un jeune voyageur, et le fit cabrer, au point qu'il pensa renverser son cavalier. Celui-ci devint si furieux, que, quoiqu'il sût très-bien que ce chien appartenoit à un pauvre insensé, il lui tira un coup de pistolet à la tête, et s'éloigna en même temps au galop. Robin accourut aussitôt vers son chien, examina sa plaie, et ne se doutant nullement qu'il fut mort, il lui dit de le suivre ; mais voyant qu'il restoit immobile, il le prit et le porta à l'étang pour laver le sang qui le couvroit. Il le transporta ensuite dans la grotte et l'étendit sur sa natte.

Inquiète de ne plus le rencontrer, depuis quelque temps, errant comme à son ordinaire sur la montagne, j'envoyai savoir ce qu'il étoit devenu. On le trouva assis près de son chien, dont rien ne put le déterminer à se séparer. On ne réussit pas mieux à lui faire prendre un peu de nourriture. Me reposant sur l'espèce de confiance qu'il m'avoit toujours témoignée, je me transportai auprès de lui : il étoit presque mourant, mais avec l'esprit cependant moins aliéné. Je le pressai de prendre quelque chose. Au lieu de me répondre ou de s'éloigner, il fondit en larmes, ce que je ne lui avois point encore vu faire; et, poussant bientôt après un soupir, il s'écria : « Le plus grand

« service que l'on puisse me ren-
« dre, c'est de m'ôter la vie. Je n'ai
« point vu mourir ma femme; on
« m'avoit arraché d'auprès d'elle
« pour me traîner en prison; mais
« hélas j'ai vu périr Jacky et Nancy.
« Qui eut alors pitié de moi, si ce n'est
« mon chien »? Il attacha en même
temps ses regards sur lui. Joignant
alors mes larmes aux siennes, je pro-
fitai de ce bon mouvement chez lui,
pour l'amener à prendre quelque
nourriture ; mais la vie l'avoit déja
presque abandonné, et il expira peu
de temps après.

C'étoit donc là sa grotte, dit Marie:
et elle y courut en même temps avec
Caroline. — Pauvre Robin , s'é-
crioient-elles ! est-il d'histoire com-
parable à la sienne? Oui, mes enfans,
leur répondit mistriss Mason, et vous
en jugerez par le trait que je vais vous
raconter en nous en retournant.

Je vous ai dit que Robin avoit été jeté dans une prison. Il en existoit autrefois une en France encore plus horrible, qu'on nommoit la Bastille. Les malheureux qui y étoient renfermés, vivoient entièrement isolés. Ils étoient privés de la vue des hommes et des animaux, et on leur refusoit jusqu'à des livres. Abandonnés ainsi à eux-mêmes, les uns s'amusoient à tracer des figures sur les murs; les autres, à faire des ouvrages en paille. L'un de ces infortunés, ayant attrapé une araignée, parvint à l'apprivoiser, et, après l'avoir gardée pendant deux ou trois ans, partageant avec elle sa frugale nourriture, il fut découvert par le geolier, qui s'empressa de rendre compte de l'évènement au gouverneur. Celui-ci donna ordre aussitôt d'écraser l'animal. Vous voyez, Marie, que ces petites bêtes que vous dédaignez tant, sont d'excellentes compagnes dans le malheur et la solitude. En vain, le prisonnier supplia d'épargner son araignée; insensible à sa prière, le gardien exécuta ponctuellement l'ordre du cruel gouverneur. Non, toutes les peines, éprouvées par le malheureux prisonnier depuis sa longue détention, n'étoient rien en comparaison de celle qu'il ressentit en voyant écraser son insecte chéri ! Il avoit beau regarder tout autour de lui, la foible portion de lumière, introduite à travers les barreaux grillés de sa prison, ne servoit qu'à le convaincre qu'il étoit le seul être animé qui l'habitât.

CHAPITRE IV.

QUELQUES jours après ces promenades, mistriss Mason entendit beaucoup de bruit dans la salle de jeu. Elle y courut aussitôt pour s'informer du sujet. En entrant, elle trouva les enfans jetant des cris, et, près d'eux, l'un des petits oiseaux, étendu mort sur le plancher. A peine eut-elle paru, que chacune des petites filles chercha à se disculper, en attribuant à sa compagne la mort du pauvre oiseau. Mistriss Mason leur imposa silence, et appela en même temps une jeune orpheline qu'elle avoit élevée, pour lui confier le nid.

Il résulta de tout ce que les enfans avoient allégué pour leur justification que la perte du petit animal provenoit d'une contestation qui s'étoit élevée entre eux au sujet du soin des oiseaux. Marie avoit prétendu devoir en être chargée sur ce qu'elle étoit l'ainée, et Caroline sur ce qu'elle avoit trouvé le nid. Des efforts qu'elles firent pour se l'arracher mutuellement, l'oiseau tomba ; et, avant de s'en être aperçues, elles l'avoient écrasé, en se débattant d'un bout de la salle à l'autre.

Quand elles se furent un peu remises, mistriss Mason leur dit d'un ton calme : — Je vois que vous êtes honteuses de votre conduite, et fâchées en même temps de ses suites. Je ne chercherai donc pas à ajouter aux reproches que vous vous faites à vous-mêmes. Je vous observerai seulement qu'inférieures dans ce moment aux animaux qui paissent le long de la prairie, la raison, chez vous, ne sert qu'à rendre votre faute plus remarquable, et moins susceptible d'excuse. La colère est un vice méprisable ; elle étouffe toute compassion, et détruit toute vertu. Il est facile de vaincre les autres ; mais il est beau de se vaincre soi-même.

— Si vous eussiez, Marie, cédé au desir de votre sœur, vous auriez prouvé que vous étiez non-seulement la plus âgée, mais encore la plus raisonnable; et vous, Caroline, en offrant d'abandonner vos droits, vous les eussiez conservés.

On fait toujours preuve d'un esprit supérieur, quand on n'oppose ni plaintes ni réclamations à de légers passe-droits ou à de petites injustices. L'ame doit réserver toute sa fermeté pour les grandes occasions, et agir alors avec énergie. C'est pour se conduire différemment, que l'on voit de misérables tracasseries altérer peu à peu l'union domestique, et finir par détruire ce que de grands revers n'eussent pu même diminuer.

Je vais vous raconter à ce sujet une histoire qui servira de preuve à mes remarques.

Jenny Fretful étoit enfant unique,

La tendresse aveugle que sa mère avoit pour elle ne permettoit pas qu'on contrariât ses moindres desirs. Jenny étoit née avec quelque sensibilité; mais, habituée à voir tout fléchir devant sa volonté, le monde lui paroissoit avoir été créé uniquement pour elle. Voyoit-elle entre les mains d'autres enfans quelques joujoux qui lui plussent, elle crioit pour les avoir. En vain, dans l'espérance de la calmer, on promettoit de lui en donner de semblables; elle s'obstinoit à vouloir ceux-là, ou elle se livroit à la plus violente colère. Lorsqu'encore toute enfant, elle tomboit par terre, sa nourrice lui faisoit battre le plancher. Devenue plus grande, elle brisoit et renversoit tous les meubles qui s'offroient sous sa main. Je l'ai vu jeter son bonnet dans le feu, parce qu'un enfant de sa connoissance en portoit un plus joli.

Cet état d'irritation continuelle affoiblit sa constitution. D'un autre côté, elle rejetoit tous les alimens sains, dont l'usage est essentiel aux enfans si sujets à la petite-vérole et aux vers, et nécessaire en même temps pour les fortifier, lorsque leur croissance s'opère trop rapidement. Au lieu de faire la consolation de sa tendre, mais trop foible mère, elle en étoit le plus grand tourment. Tous les domestiques la haïssoient ; et, n'aimant qu'elle-même, il était naturel qu'elle ne fût aimée de personne. La pitié même, que quelques ames charitables ressentoient pour elle, tenoit presque du mépris.

Une dame, dans une visite qu'elle fit à sa mère, avoit amené avec elle une jolie petite chienne. Jenny voulut l'avoir ; et ce ne fut qu'avec une répugnance extrême, que cette dame consentit à s'en séparer pour obliger son amie. L'enfant en prit d'abord soin, et sentit même pendant quelque temps une espèce d'affection pour elle; mais le petit animal lui ayant enlevé un jour des mains un gâteau qu'elle mangeoit, et qu'elle eût pu remplacer facilement (car on lui en avoit servi environ une douzaine), elle entra dans une colère affreuse, et jeta un tabouret à la malheureuse bête qui se trouvoit pleine et fut renversée du coup. Le dirai-je ? il fut si violent, que tous les petits périrent. La pauvre mère mourut deux jours après dans les tourmens les plus affreux.

Jenny, désolée de la perdre, resta tout le temps auprès d'elle; et chaque regard que la misérable petite créature laissoit tomber sur elle, lui déchiroit le cœur. Sa mort, dont elle ne sut pas profiter pour se corriger, la rendit très - malheureuse ; et,

quoique entourée de toutes les féli-
cités de la vie, elle ne jouit plus d'un
seul instant de bonheur.

Le mauvais temps avoit-il dé-
rangé une de ses parties de plaisir,
elle ne savoit plus que devenir toute
la journée, ou elle faisoit retomber
sa mauvaise humeur sur les personnes qui dépendoient d'elle. La
partie avoit-elle lieu, loin d'éprouver
le plaisir qu'elle s'étoit promis, elle
trouvoit à redire à tout. Tantôt c'é-
toient les chevaux qui alloient trop
vîte ou trop lentement, tantôt le
dîner qui étoit mauvais, ou la compagnie qui l'ennuyoit.

Elle promettoit, dans sa tendre
enfance, d'être un jour très-belle ;
mais ses fréquens accès de colère
eurent bientôt déformé ses traits, et
donné à ses yeux un regard dur
qui, lors même qu'il venoit à se
radoucir, ressembloit à un foyer de

matières combustibles , prêtes à prendre feu à la moindre étincelle. En tout, les personnes tranquilles l'évitoient avec effroi ; et s'il lui arrivoit par hasard de rendre un service, sa brusquerie en diminuoit le prix, ou le faisoit oublier. A la fin elle brisa de douleur le cœur de sa mère , et hâta même sa mort par ses désobéissances fréquentes et par beaucoup d'autres fautes qui, toutes, provenoient d'un caractère , dont rien ne pouvoit modérer la violence,

La mort de sa mère, à laquelle elle fut très-sensible, la laissa sans un seul ami : « Ah ! ma pauvre maman, « s'écrioit-elle souvent, si vous exis- « tiez encore, je ne vous tourmen- « terois plus. Oui, je donnerois tout « au monde pour que vous pussiez « être témoin de mon sincère repen- « tir ! Vous êtes morte, avec la con- « viction que j'étois une ingrate, et

« regrettant sans doute de m'avoir
« donné le jour. Malheureuse que je
« suis, c'en est donc fait! je ne vous
« reverrai plus! »

Cette pensée, jointe à l'espèce
d'abandon où elle se trouvoit, finit
par altérer entièrement sa constitution. Comme elle n'avoit amassé
aucune bonne œuvre pour un autre
monde, ni entretenu en elle ces
espérances qui ôtent à la mort tout
ce qu'elle a d'horrible, et charment
le dernier sommeil de l'homme,
l'approche de sa dissolution la glaça
de terreur, et elle en accéléra le
moment, en s'emportant contre son
médecin de ce qu'il ne la guérissait
pas. Ses traits après sa mort respi-
roient encore la colère. Elle laissa
une fortune considérable, qui fut
partagée par des héritiers dont elle
n'obtint pas même une larme. A
peine descendue dans la tombe, elle

fut oubliée, et je ne vous retrace ses
fautes que pour vous en détourner.

CHAPITRE V.

MARIE ET CAROLINE, honteuses
de la scène qui venoit de se passer
entre elles, cherchèrent, par leur
douceur et leur modération, à la
faire oublier à leur institutrice, et à
se rétablir dans son opinion. Mistriss
Mason avoit pour règle, lorsqu'elles
s'étoient mal conduites, d'éviter de
leur témoigner ces marques d'affection auxquelles elles étoient extrêmement sensibles, et de se borner à
les traiter civilement.

Hier, leur dit-elle, je ne vous ai
parlé que d'une faute, quoique j'en
eusse remarqué deux. Vous devinez
qu'il est question du mensonge dans
lequel vous êtes tombées l'une et

l'autre. Allons, regardez-moi, afin que je sois témoin de la confusion que ce souvenir excite en vous. La rougeur qui couvre vos fronts me fait plaisir, parce qu'elle me prouve que le mensonge n'est point un vice d'habitude chez vous, et j'aurois été désolée de voir qu'il eût déja pris racine dans vos jeunes cœurs.

J'entends par mensonge, mes enfans, tout ce qui tend à tromper. Le ton de voix, un mouvement de la tête, s'ils ont pour objet de faire croire ce qui n'est pas, sont autant de mensonges, et de l'espèce même la plus condamnable, parce que la réflexion que supposent ces moyens indirects aggrave la faute. Je pardonnerois plus volontiers un mensonge exprimé verbalement, comme pouvant être échappé dans un moment où, l'esprit troublé par la crainte, on oublie qu'on est sous l'œil de la

Divinité; car c'est elle que vous af-
frontez, en ne disant pas la vérité.

Comment cela, demanda Marie?

En ce que, si vous pouvez réussir
à vous cacher des hommes, vous ne
sauriez vous dérober aux regards de
celui qui lit jusques dans nos plus
secrètes pensées.

Vous tenez de lui la vie et tous
les autres biens; et, pour vous soustraire, soit à une punition, soit à une
réprimande, ou, ce qui est pire encore, pour obtenir un moment de
plaisir, vous risquez, par un vice
dont la seule imputation vous fait
rougir, de perdre pour toujours ses
faveurs.

Vous avez entendu répéter fré-
quemment le mot *honneur* à la personne qui m'a fait une visite ce matin.
L'honneur, mes enfans, qui n'est
autre chose que le respect pour soi-
même, repose sur la vérité.

Je crois volontiers tout ce que me disent les personnes que je sais être attachées à la vérité, parce que je suis convaincue qu'elles préféreroient plutôt de se faire tort en l'énonçant, que de cesser de s'estimer par un mensonge. D'ailleurs on ne craint jamais d'être vrai, quand on se conduit toujours bien. Un autre avantage qui résulte de ce respect pour la vérité, c'est qu'on n'est jamais en peine de ses expressions. Habituez-vous, mes enfans, à son langage, et vous verrez que les mots ne vous manqueront pas. Sans doute, vous écarterez bien des gens de vous avec ce caractère de vérité ; mais croyez qu'ils ne pourront s'empêcher du moins de rendre hommage à l'honnêteté de vos principes.

Il est impossible de former une amitié durable, sans prendre la vérité pour base. Elle est l'ame de tout sentiment religieux, comme c'est elle qui règle notre entendement, et nous apprend à distinguer nos devoirs.

C'est par elle que je vous gouverne, ainsi que ma maison. Sa stricte observance tient ma raison libre, et mon cœur pur, de manière que je suis toujours en état d'élever ma prière vers la source de toute vérité.

Puisque je suis sur le chapitre de la vérité, je dois vous parler d'une autre branche de cette vertu, que l'on nomme la *sincérité*. Je vous en donne tous les jours des exemples; car je ne me permets pas une louange qui ne soit dictée par mon cœur. Si je raconte un fait, j'évite avec soin de l'orner, pour le rendre plus intéressant. Ce n'est pas que je croie cette méthode absolument criminelle; mais comme elle tend insensiblement à faire diminuer de respect pour la vérité, je me mets en garde contre la tentation ; je craindrois d'affoiblir en moi le raisonnement qui fait la principale force, et même l'ornement de mon esprit, et sans lequel je serois continuellement ballottée par mon imagination, comme la mer l'est par le vent.

Il n'est aucun des devoirs de la vie qu'on doive négliger. Les plus importans font mieux ressortir la vertu ; mais le retour journalier de ceux qui le sont moins, habitue la conscience et la raison à l'exercice des premiers. Beaucoup de gens lient des parties qu'ils ne se font aucun scrupule de rompre, lorsqu'il s'en présente de plus agréables pour eux ; oubliant que le plus petit devoir doit passer avant le plaisir, et que celui-ci n'amuse qu'autant que le premier est rempli. Croyez-moi, mes chers enfans, tout ce qui n'est pas honnête ne sauroit plaire long-temps.

Accoutumée à tenir note des personnes de ma connoissance, victimes des défauts et des vices que je desire que vous évitiez, je vais vous décrire deux caractères qui, si je ne me trompe, viennent parfaitement à l'appui de ce que je vous dis.

Vous avez vu, la semaine dernière, lady Sply venir un matin chez moi. Quel brillant équipage, et quels superbes chevaux ! comme ils frappoient du pied la terre, et se pavanoient sous leurs riches harnois ! Les livrées des domestiques et les habits de la maîtresse répondoient à l'élégance de l'équipage. Il en est de même de sa maison. Les appartemens en sont vastes, élevés, garnis de tentures, ainsi que de tapis de soie, et ornés de glaces et de tableaux magnifiques. Les jardins, d'une étendue considérable, et soigneusement entretenus, renferment, outre les arbres et les bosquets, un grand nombre de petites maisons d'été, et ce qu'on appelle des *temples*.

Cette femme qui donne tout au faste, et rien à la dignité, doit la plus grande partie de sa fortune à sa mauvaise foi. Aussi elle habite sa superbe maison, porte ses beaux habits, et roule dans sa brillante voiture, sans éprouver le moindre plaisir. Sa méfiance, née de la connoissance de son propre cœur, ainsi que les veilles et l'ennui, ont couvert son front de rides, et effacé jusqu'à la moindre trace d'une beauté qu'elle cherche en vain à rappeler.

Elle s'imagine que chaque personne avec qui elle s'entretient, a intention de la tromper; et, lorsqu'elle sort d'une maison, elle suppose toujours qu'on y va dire du mal d'elle, parce que c'est ainsi qu'elle traite les absens. Elle se défie de tous ses gens, et les espionne continuellement pour découvrir ce qu'ils disent ou ce qu'ils font. Elle porte même l'inquiétude à un point qu'elle en a perdu le sommeil et l'appétit. Errante au milieu de ses vastes jardins, elle est insensible au parfum des fleurs et au chant des oiseaux. Ces plaisirs, si doux, si vrais et si simples, qui mènent à l'amour de Dieu et de ses créatures, ne sauroient échauffer un cœur qu'une histoire maligne peut seule intéresser. Elle ne sauroit prier Dieu; car Dieu hait les menteurs : elle est abandonnée par son mari, qui ne l'a épousée que pour payer ses dettes. Son fils, le seul enfant qu'elle ait, méconnoît son autorité. Jamais elle ne reçut une bénédiction du pauvre, et ne contribua au bonheur d'une créature humaine.

Pour tuer le temps, et étourdir ses remords, elle va de maison en maison, recueillant et colportant les histoires les plus scandaleuses, dans l'espérance de réduire toutes les réputations au niveau de la sienne. Ceux même qui lui ressemblent sont effrayés de la rencontrer. Abhorrée et fuie de tout le monde, elle ne sait pas même racheter ses vices, et faire oublier la source empoisonnée de ses richesses, en répandant autour d'elle la joie et la reconnoissance.

Avant de vous dire comment elle contracta ses habitudes vicieuses, et accrut sa fortune par sa mauvaise foi, je voudrois vous parler de mistriss Trueman, la femme du vicaire, qui habite cette maison blanche attenant à l'église, laquelle, quoique petite, a une assez jolie apparence par le chèvrefeuille et le jasmin, qui ombragent ses croisées. Rien de plus doux et de plus agréable que le son de voix de mistriss Trueman. Ses manières sont, non seulement aisées, mais même élégantes; et la simplicité de sa parure la fait paroître encore plus à son avantage.

Quand elle vient me voir, elle marche accompagnée de ses enfans qui la tiennent par la main, et se pressent contre elle, tant ils la chérissent. Si quelque chose les effraie, ils se cachent sous son tablier, comme une jeune couvée sous les ailes de leur mère. Les animaux qu'elle élève semblent vouloir reconnoître les soins de leur bonne maîtresse en jouant avec ses enfans; et, malgré son peu de fortune, elle trouve le moyen de nourrir et de vêtir un assez grand nombre de malheureux qui, sans elle, périroient de faim et de froid, et dont les bénédictions accompagnent ses pas.

Avec moins de parure que ses voisines, qui l'appellent une *lady*, elle l'emporte sur elles. Toute l'habitude de sa personne annonce de la dignité jointe à beaucoup de grâce, et un esprit supérieur qui, au défaut des moyens d'instruction que procure la fortune, s'est reposé sur lui-même pour se perfectionner.

De très-jolis dessins, amusemens de sa jeunesse, ornent son salon remarquable par sa propreté. Dans un coin sont rangés quelques instrumens de musique; car elle joue avec beaucoup de goût, et chante très-agréablement.

Tous les meubles, sans oublier une bibliothèque garnie de livres bien choisis, attestent le bon goût de la propriétaire, et en même temps les ressources qu'un esprit cultivé a en lui-même, pour se procurer des jouissances, indépendamment de la richesse.

Son mari, homme de beaucoup d'esprit et d'érudition, lui fait la lecture, tandis qu'elle raccommode les hardes des enfans, à qui elle s'est chargée en outre d'enseigner les plus importantes vérités, ainsi que les connoissances nécessaires ; devoir qu'elle remplit avec succès, en parlant toujours à leur cœur.

Quand vous vous serez bien conduites pendant quelque temps, je vous menerai lui faire une visite, et vous promener dans son jardin. Vous y verrez plusieurs jolis petits bosquets, à l'ombre desquels des rossignols font entendre les plus doux ramages.

Après vous avoir fait le portrait de ces deux femmes, il me reste à vous apprendre comment se sont formées leurs habitudes, et ce qui résulte pour chacune d'elles de leur genre de vie différent.

Lady Sly, étant enfant, jouissoit de la liberté de dire tout ce qui lui passoit par la tête; et ceux qui l'entouroient avoient l'indiscrétion d'en rire, comme si elle eût dit autant de bons mots. Trouvant que son babil plaisoit, elle ne déparloit point; et, lorsque la matière commençoit à lui manquer, elle inventoit aussitôt une histoire. Si elle déroboit des sucreries, ou brisoit quelque chose, on s'en prenoit au chat ou au chien, qui étoient punis pour elle : il est arrivé même quelquefois que des domestiques ont perdu leurs places sur ses inculpations. A la mort de son père et de sa mère qui lui laissèrent une grande fortune, elle fut adoptée par une tante qui en possédoit une encore plus considérable.

Mistriss Trueman, sa cousine, fut adoptée, quelques années après, par cette même tante; mais elle ne

partagea point l'héritage de ses père
et mère, vu qu'ils avoient un héritier
mâle. Mistriss Trueman reçut la
meilleure éducation, et se montra
en tout l'opposé de sa cousine qui
envioit son mérite, et ne pouvoit
supporter l'idée de partager avec elle
une fortune qu'elle avoit espéré de
voir lui revenir en entier. Elle mit
en conséquence tout en usage pour
prévenir sa tante contre elle, et malheureusement elle y réussit.

Une vieille et fidelle domestique
s'efforça d'ouvrir les yeux à sa maîtresse ; mais l'adroite nièce imagina
contre elle l'histoire la plus infâme,
qui la fit congédier. Mistriss Trueman, après avoir tenté en vain de la
défendre, lui offrit tous les secours
qui étoient en son pouvoir, et elle
ne tarda pas à être la victime de sa
générosité ; car sa tante, dont la
mort survint dans ces entrefaites,

ne lui légua que cinq cents louis, tandis qu'elle en laissoit cinquante mille à lady Sly.

Les deux cousines épousèrent, peu de temps après, l'une, lord Sly, homme sans mœurs et sans caractère; et l'autre, le respectable ministre qui avoit été trompé dans ses espérances d'avancement, comme sa femme l'avoit été pour l'héritage de sa tante. Ce dernier couple néanmoins vit content de son sort, et se prépare et élève ses enfans pour un autre monde, où la vérité, la vertu et le bonheur habitent ensemble.

Croyez, mes enfans, que, quel que soit le bonheur que nous poursuivons ici-bas, il ne sauroit approcher de celui qui nous est réservé au sein de la Divinité, si nous nous conduisons de manière à nous en rendre dignes; bonheur trop au-dessus des bornes de notre intelligence, pour pouvoir être bien apprécié !

Mais je ne veux pas vous retenir plus long-temps, ajouta mistriss Mason aux enfans. Avez-vous achevé de lire les fables de mistriss Trimmer? — Oui, lui répondit Caroline, et j'eusse bien desiré que l'ouvrage eût été plus long. Je n'en ai jamais lu d'aussi joli. Puis - je le relire avec la petite Fanny de mistriss Trueman? — Très-certainement, lui dit mistriss Mason, si vous pouvez lui faire comprendre que les oiseaux ne parlent pas. Allez, mes enfans, vous divertir dans le jardin ; mais souvenez-vous bien que le premier mensonge que je découvrirai en vous, je le punirai sévèrement, et parce qu'il est un vice, et en même temps pour vous préserver de ressembler un jour à lady Sly.

CHAPITRE VI.

Mistriss Mason reçut dans l'après-midi la visite de plusieurs personnes, dont la conversation ne témoigna que trop qu'elles faisoient peu attention devant qui elles parloient. Elles louèrent beaucoup la beauté de Caroline, qui crut ajouter à ses charmes par les airs les plus affectés. Marie, qui n'avoit point une figure dont elle pût tirer vanité, s'amusa à remarquer les défauts de celles des autres ; une dame, que son âge rendoit respectable, et qui avoit perdu ses dents, parut sur-tout exercer son œil critique.

Sa sœur et elle furent se coucher sans avoir été réprimandées par mistriss Mason. Celle-ci se contenta de leur dire en les quittant : — Je veux bien vous embrasser, quoique vous ne l'ayez pas mérité. — Mais ces mots et le ton sérieux dont ils furent prononcés suffirent pour avertir les élèves qu'elles avoient commis quelque faute, et leur faire desirer de la connoître, afin de la réparer et de rentrer dans les bonnes graces de leur institutrice.

Mistriss Mason ne grondoit jamais ses pupilles. L'air froid qu'elle laissoit apercevoir, lorsqu'il lui arrivoit d'en être mécontente, étoit une leçon bien plus sensible pour elles. Jamais plus heureuses que lorsqu'elles voyoient le sourire de la satisfaction sur ses lèvres, il n'étoit rien qu'elles ne fissent pour l'y ramener. Elles avoient besoin de l'estime de leur institutrice pour s'estimer elles-mêmes. — J'ai beau m'examiner, dit Caroline, je ne me trouve coupable d'aucune faute; et cependant l'air sérieux

de mistriss Mason ne m'a que trop
dit que j'en avois quelqu'une à me
reprocher. — Vous rappelez-vous,
Marie, l'avoir jamais vue aussi fâchée? — Non, lui répondit sa sœur;
et je me souviens même que, lorsque
le malheureux John brisa sa porce-
laine, elle fut la première à l'excu-
ser et à le consoler, en disant que
c'étoit le tapis qui l'avoit fait tomber... Je me trompe; car je me rap-
pelle maintenant qu'à notre arrivée
chez elle, John ayant oublié de faire
rentrer sa vache et son veau, je l'entendis lui commander d'aller les chercher sur-le-champ; et, à l'aspect du
petit veau qui étoit transi de froid,
elle gronda fortement John. — Oh!
ce trait me fait ressouvenir, dit
Caroline, de la manière dont elle
traita Betty, pour avoir oublié de
porter à une pauvre femme malade
un bouillon qu'elle lui avoit recom-

mandé. C'étoit bien véritablement de
la colère qu'elle manifesta dans cette
occasion ; car elle s'en prit aussi à
nous, et pensa même frapper Betty.
—Combien de fois n'a-t-elle pas voulu
renvoyer cette pauvre petite Jenny,
quand nous tourmentions sa nourrice ! Je plaignois alors Jenny ; mais
je lui dirois bien aujourd'hui, si je la
revoyois, qu'elle avoit tort.

L'air de mistriss Mason m'a si fort
troublée, dit Marie, qu'il me sera
impossible de dormir. Vous seriez-
vous jamais imaginée, Caroline,
que son regard, qui est ordinairement si tendre, pût devenir aussi
froid ? Ah ! que ne suis-je bonne et
sage comme elle ! Cette pauvre
femme que nous rencontrâmes avec
ses six enfans sur la *Commune*,
disoit qu'elle étoit un ange, et qu'elle
et sa famille lui devoient la vie.
— Mon cœur bat d'une grande force,

reprit Caroline en pensant à demain matin, et cependant je suis beaucoup plus heureuse que je ne l'étois à la maison. Je criois toute la journée, sans trop savoir pourquoi; je ne cherchois nullement à devenir bonne, car on ne m'enseignoit point à l'être. — Je desire, quand je serai mariée, dit Marie, de ressembler à mistriss Mason ou à mistriss Trueman. Vous savez, ma sœur, que nous devons aller faire une visite à cette dame, si nous nous comportons bien.

Le sommeil vint bientôt mettre fin au babil et aux inquiétudes des deux élèves. Elles se réveillèrent le lendemain matin dans les meilleures dispositions : elles apprirent leurs leçons, et furent porter à manger aux petits poulets, avant que mistriss Mason ne descendît de sa chambre.

CHAPITRE VII.

Les enfans étoient dans le jardin, lorsque mistriss Mason y entra. Elle fit observer à Caroline une plate-bande garnie de tulipes qui étoient alors dans toute leur beauté. — Je me suis attachée, lui dit-elle, à rassembler des fleurs de toutes les saisons dans mon jardin, afin de pouvoir jouir d'une continuité de plaisirs. Les tulipes m'en procurent moins que les autres, et la raison en est simple, c'est qu'elles ne sont que belles. Faites attention, je vous prie, à cette distinction. De grands traits, de beaux yeux, une jolie bouche, un teint frais, je les appelle *beauté du corps*. Comme cette plate-bande de tulipes, ils sont faits pour charmer la vue; mais s'ils n'expriment rien, on se lasse bientôt de les voir, et l'œil se porte sur d'autres objets. L'expression de la figure est ce que je nomme la *beauté de l'ame*. Lorsque la vérité, l'humanité, habitent au fond du cœur, les yeux brillent d'un éclat doux, la modestie donne aux joues un coloris charmant, et le sourire de l'innocence embellit tous les traits. Sans doute, une belle figure captive à la première vue, indépendamment de l'expression ; mais quand celle-ci y retrace les doux sentimens de l'ame, tous les autres genres de beauté, qui ne sont que les ombres de cette dernière, s'obscurcissent devant elle, comme la lumière d'une lampe devant l'éclat du soleil.

Vous êtes certainement belle, Caroline; vos traits sont de la plus grande régularité; mais si vous négligez de leur procurer une expression agréable, en ornant votre esprit et votre cœur, ils ne serviront qu'à corrompre votre jugement. Je connois des personnes qui ont pris bien de la peine à décorer l'extérieur de leurs maisons, pour attirer les regards des passans qui, après s'être arrêtés un moment, s'empressent de continuer leur chemin; tandis que l'intérieur, destiné à recevoir leurs amis, est à peine meublé. C'est exactement l'histoire des belles figures dont il est ici question. Il est possible que la vôtre fasse, pendant quelques années, l'admiration de ceux qui ne se connoissent pas en beauté réelle; mais ils vous regarderont comme ils regarderoient ces tulipes. Le peuple et les enfans aiment tout ce qui a de l'éclat; plus difficiles, les connoisseurs veulent, en outre, de la grâce et de la douceur; en un mot, ils demandent une ame à la beauté, pour qu'elle soit parfaite.

« Considérez cette rose ; elle réunit toutes les perfections dont je parle. Elle a de l'éclat, de la fraîcheur et de la grâce ; et même, lorsque sa beauté a disparu, elle attire encore par son parfum. Quoique mon jardin soit grand, je n'y cultive qu'une plate-bande de tulipes ; mais partout la rose y charme les yeux.

Vous avez vu mistriss Trueman, et vous l'avez trouvée très-belle. Son teint, cependant, n'a que la fraîcheur que donne une vie réglée ; et ses traits même ne sont pas dans les plus exactes proportions. Betty, ma servante, l'emporte sur elle à ces deux égards ; mais, sans pouvoir dire précisément en quoi sa beauté consiste, l'œil la cherche et la suit partout. On voudroit de même l'entendre toujours, tant sa voix est douce, harmonieuse, et sa conversation intéressante ! Ce pouvoir qu'elle exerce sur ceux qni la voient, elle le tient de la vérité, qui donne de la dignité à tout ce qu'elle fait, et de la grâce à tout ce qu'elle dit.

A un jugement excellent elle joint le cœur le plus sensible. De ces deux qualités résulte en elle un heureux mélange d'esprit et de bonté, qu'un goût exquis fait ressortir encore davantage. Plus on la connoît, plus on découvre dans sa personne de nouvelles perfections ; mais elle possède sur-tout celle qui met le prix à toutes les autres, je veux dire la modestie ; et cette vertu, elle la tient de l'instruction. Ce n'est point la tulipe orgueilleuse qui cherche à se faire admirer ; c'est l'humble rose qui craint de s'épanouir.

Ce que je viens de dire des fleurs se remarque aussi chez d'autres êtres

de la création d'un ordre plus relevé.
Je vous citerai pour exemple les oiseaux. Ceux d'entre eux qui chantent
le mieux ne sont pas ceux qui ont le
plus beau plumage. C'est ainsi que
l'auteur de la nature a voulu que ses
dons fussent partagés. Il a départi
au rossignol un ramage enchanteur;
tandis qu'un grand nombre d'autres
oiseaux, dont le chant est à peine
supportable, l'emporte sur lui par la
richesse de leur plumage.

J'ai connu, quelque temps avant
que vous ne fussiez toutes les deux
nées, une jeune personne qui, avec
de la beauté, possédoit des talens;
mais, malheureusement, ce n'étoient
pas les plus utiles. En général, sa
figure l'occupoit plus que son esprit.
La petite-vérole survint, et sa beauté
disparut. Elle en fût restée inconso-
lable, sans les distractions naturelles
à son âge. Avec ses charmes, elle

pensa perdre aussi la vue ; et , pour la fortifier , elle fut obligée de se confiner dans une chambre obscure. Elle imagina alors de s'adonner à la musique , afin de dissiper ses ennuis, et elle y fit des progrès surprenans. Sa retraite lui fournit en même temps l'occasion de faire de fréquens retours sur elle-même ; elle commença à penser et à réfléchir, et, lorsque sa vue fut totalement rétablie , elle devint passionnée pour la lecture.

Les sociétés du grand monde cessèrent bientôt de l'intéresser et de l'amuser. Elle n'en faisoit plus l'admiration ; ou, si elle y inspiroit encore quelque attention, ce n'étoit que pour exercer la pitié de ceux là même qui, auparavant, lui prodiguoient de fades adulations, ou pour donner lieu à de longs commentaires sur les ravages que sa figure avoit éprouvés de la petite-vérole. N'espérant ou ne voulant plus se faire remarquer, elle renonça à tous ses airs affectés, et s'attacha à la conversation, où bientôt elle ne parut plus déplacée. En un mot, le desir de plaire lui fit employer des moyens tout différens de ceux dont elle avoit fait usage jusqu'alors; et, en s'étudiant à réformer son cœur et son esprit, elle éprouva que la beauté de l'ame, qui tire tout son prix d'elle-même, est infiniment supérieure à la beauté du corps que règlent les conventions humaines, et qui, comme ces bijoux de mode, peut plaire à la personne qui la contemple, sans faire le bonheur de celle qui la possède.

En acquérant des connoissances, ma jeune amie se pénétra davantage de l'importance de ses devoirs. Elle guérit de cette vanité immodérée qui la tourmentoit si fort, lorsque, plaçant tout son bonheur dans les hommages rendus à sa figure, elle ne cherchoit qu'à se faire regarder et s'entendre dire qu'elle étoit belle. L'insensée! de quelle utilité pouvoit être sa beauté à ses semblables? Elle ne lui servit, ni à les rendre meilleurs, ni à secourir les indigens. Par sa perte, au contraire, elle recouvra sa raison, et devint un exemple salutaire aux personnes de son âge.

L'argent qu'elle dépensoit auparavant à se parer, elle le consacra à vêtir et à nourrir les malheureux. Elle n'en étoit pas moins bien vêtue; mais, plus économe de son temps, elle faisoit elle-même la plus grande partie de ses hardes. Moins assujétie aussi aux caprices de la mode, et se conformant davantage à ce que la raison et le goût lui prescrivoient, elle changeoit moins souvent de chapeau ou de bonnet.

Les enfans avoient commencé à faire quelques réflexions sur l'histoire

qu'elles venoient d'entendre, lorsqu'on annonça une visite pour mistriss Mason. Elles continuèrent de
parcourir le jardin, en comparant les
roses et les tulipes.

CHAPITRE VIII.

LA beauté de la soirée invita mistriss
Mason à aller se promener avec ses
élèves. Les travaux de la saison ré-
pandoient dans toute la campagne
un mouvement agréable. L'air étoit
doucement agité par le bruit des
cloches d'un village situé à quelque
distance. On entendoit bourdonner
quelques hannetons que les enfans
poursuivaient, non pour les détruire,
mais pour observer leur forme, et
apprendre de mistriss Mason quelle
étoit leur manière de vivre. Au bê-
lement des moutons se joignoit le

mugissement des taureaux, et près d'eux murmuroit un foible ruisseau, tandis que la mer grondoit au loin. L'attention que mistriss Mason et ses élèves donnoient à cette scène ravissante, fut interrompue par les chants d'une troupe de faneurs qui revenoient du travail. C'étoit toute une famille de journaliers d'un autre canton, habitués à venir, tous les ans, chercher dans celui - ci de l'ouvrage, lorsqu'ils en manquoient chez eux, et à qui mistriss Mason avoit permis de se retirer la nuit dans sa grange. A peine leurs enfans eurent-ils reconnu leur bienfaitrice, qu'ils accoururent au-devant d'elle. Mistriss Mason les accueillit, et les caressa avec cet air de bonté qui ajoute tant de prix au bien que l'on fait. Cette excellente femme aimoit tous les malheureux; mais elle avoit pour principe d'obliger de préférence ceux qui cherchoient à travailler.

A la suite de cette rencontre, mistriss Mason et ses deux pupilles firent celle d'une pauvre femme toute contrefaite. Caroline et Marie sur-tout, la fixèrent jusqu'à la déconcerter ; mais mistriss Mason, détournant les yeux, regarda d'un autre côté ; et lorsque la malheureuse femme fut assez éloignée pour ne pas entendre, elle dit à Marie : — Je m'étois proposée de vous parler, ce matin, d'une faute que je vous ai vu commettre souvent, et notamment l'autre soir et tout-à-l'heure même. — Quand cette pauvre femme a passé près de nous, j'ai détourné aussitôt la tête, afin qu'elle ne s'aperçût pas de l'effet désagréable que sa difformité pouvoit me causer. Habituée à me mettre à la place des autres, je sentois tout ce que la vue de cette impression auroit eu de mortifiant

pour elle. Cette répugnance naturelle en moi à offenser qui que ce
soit, fait que je n'ai pas même besoin
de réfléchir pour éviter d'accroître
les peines d'autrui. Qu'ai-je donc dû
penser de vous, Marie, en vous
voyant regarder avec tant d'af-
fectation cette pauvre femme qui,
outre les considérations dues à son
grand âge, a été principalement
polie pour vous ? J'ai toujours remarqué que ceux qui rient des
défauts et des difformités de leurs
semblables, sont des personnes de
peu d'esprit et de sensibilité. Elles
n'attachent de prix qu'à cette beauté
extérieure dont je vous entretenois
dernièrement ; et leur cœur, étranger
à tout autre sentiment que celui de
la vanité, peut à peine contenir la
joie qu'elles éprouvent, lorsqu'en se
comparant aux autres, elles se croient
plus belles, et conséquemment plus

recommandables ; comme si les vertus et les talens ne formoient pas le
vrai mérite , et ne donnoient seuls
droit à la prééminence. Avec tant
soit peu de discernement, vous vous
seriez moins occupée l'autre jour de
la prononciation de cette dame âgée,
que de toutes les choses de bon sens
qu'elle disoit. En effet, il ne faut pas
beaucoup d'esprit pour concevoir que
la perte des dents doit nécessairement
empêcher que l'on ne s'énonce avec
facilité. Le défaut que je vous reproche provient de votre peu d'expérience, et dès-lors je dois vous excu-
ser ; mais si, dans quelques années
d'ici, je vous retrouvois avec lui dans
la société , je ne pourrois m'empêcher de vous croire un mauvais cœur
et un esprit borné.

Le ciel commençoit à se couvrir ;
les troupeaux paroissoient effarés, et
poussoient de longs mugissemens ;

l'agneau timide couroit chercher un
abri sous sa mère; le rossignol avoit
cessé de chanter, et fuyoit vers son
nid ; on entendoit la mer se briser
avec furie contre les rochers de la
côte ; tout annonçoit enfin une tempête prochaine , dont chacun s'empressoit de se garantir. — Il faut,
dit mistriss Mason aux enfans, que
nous tâchions de gagner la cabane
située là-bas sur ce rocher, avant que
l'orage qui, je crois, sera violent,
ne se déclare. — Elles doublèrent en
conséquence le pas; mais la tempête
les surprit en route, et elles furent
assaillies d'une grêle épaisse. Les
éclairs se succédoient avec une rapi-
dité singulière, et étoient suivis de
forts éclats de tonnerre, tandis que
les vents déchaînés ébranloient les
arbres jusques dans leurs racines, et
jonchoient la terre de leurs branches.

Caroline et sa sœur manifestèrent

la plus grande frayeur; mais mistriss Mason les prit chacune par la main, et chercha à les rassurer. Elle leur dit que les orages étoient nécessaires pour épurer l'air, et produire, peut-être, d'autres effets encore inconnus à l'homme. — Vous n'avez donc pas peur, lui demanda Caroline d'une voix tremblante ? — Non certainement, mon enfant, je n'ai point peur; je marche avec la même assurance que lorsque le soleil éclairoit la campagne. Dieu est avec nous, espérons en lui; mais, dût la foudre qui gronde sur nos têtes atteindre la mienne, je ne redoute point ses coups. Je ne crains que cet Être qui peut seul rendre la mort redoutable; mais j'ai encore plus de confiance en sa bonté, confiance que tous les maux de cette vie ne sauroient me faire perdre. Croyez-moi, mes petites amies, l'homme n'est véritablement

grand que lorsque l'amour de la
vertu est plus fort chez lui que la
crainte de la mort. — Les enfans lui
proposèrent alors, pour éviter d'être
mouillées, de se réfugier sous un
arbre voisin. Elle s'y refusa, en leur
apprenant que les arbres, par leur
élévation, étoient propres à attirer
la foudre, et elle leur cita des exemples de gens qui en avoient été frap-
pés pour s'être retirés dessous.

Tout en causant, mistriss Mason
et ses pupilles étoient parvenues sur
le haut du rocher, d'où elles décou-
vrirent la mer qui présentoit dans ce
moment un spectacle difficile à décrire. Ses flots amoncelés, après s'être
confondus en quelque sorte avec le
ciel, venoient se briser contre le
rivage avec un bruit effroyable, répété de rocher en rocher.

Mistriss Mason, suivie de ses
élèves, entra dans la cabane. La

pauvre femme qui l'habitoit envoya aussitôt ses enfans chercher du bois, et fit un bon feu pour sécher ses hôtes.

Son mari parut, un instant après, appuyé sur des béquilles, et un œil couvert d'une grande mouche. — Je suis bien charmée, honnête Jack, de vous voir, lui dit mistriss Mason; asseyez-vous près du feu, et racontez aux enfans l'histoire de votre naufrage.

—Très-volontiers, répondit Jack, et il débuta ainsi : — J'étois fort jeune, mes chères demoiselles, lorsque je m'exposai aux fatigues de la mer; mais j'avois assez de force pour les supporter, et, quelque temps qu'il fît, je grimpois au haut des mâts, où j'aidois à la manœuvre sur le pont. A dire vrai, je ne crois pas qu'il ait existé ou qu'il puisse exister de marin plus ingambe et plus adroit que je je l'étois alors. En mer, je donnois l'exemple du travail ; à terre, celui du plaisir. J'épousai la personne que vous voyez là (en indiquant sa femme avec l'une de ses béquilles) ; nous vécûmes du produit de son travail et de ma paye jusqu'au moment où j'eus le malheur de faire naufrage contre ce rocher. Oh ! quelle terrible nuit ! Celle-ci n'est rien en comparaison ; mais je m'aperçois que je finis mon histoire avant de l'avoir commencée.

Je fis, pendant la guerre, deux voyages à New-York. Le dernier avoit parfaitement réussi ; et nous retournions pleins de joie dans notre chère Angleterre, lorsque nous fûmes accueillis d'une tempête violente. Notre navire sautoit comme une chèvre, et plusieurs de nos meilleurs matelots furent emportés par la mer. Notre pauvre capitaine, le meilleur, peut-être, qui traversa jamais l'Océan, subit le même sort ; mais nous ne nous en aperçûmes que quelque temps après ; car il faisoit si noir, que nous ne pouvions distinguer les objets qu'à la clarté des éclairs. J'étois occupé à amarrer le gouvernail, quand un de ces éclairs me priva d'un œil ; mais, Dieu soit loué ! il m'en reste encore un.

Le temps s'éclaircit un peu le lendemain ; et, quoique notre vaisseau eût beaucoup souffert, j'espérois (car je n'aime pas à me décourager) que nous pourrions bientôt entrer dans la *Manche ;* et très-certainement la chose fût arrivée, comme je l'avois prévu, sans la rencontre, voyez-vous, d'un bâtiment de guerre français, auquel nous fûmes obligés de nous rendre, notre situation ne nous permettant pas de faire la moindre résistance.

J'avois avec moi mon chien, le pauvre Pompée! Ce bon animal, qui m'aimoit comme s'il eût été un chrétien, ne m'abandonnoit pas. C'étoit mon pilote, mon guide; car l'œil qui me restoit étoit bien *avarié*. Les soins de la pauvre bête ne purent cependant m'empêcher de tomber par l'écoutille, et de me meurtrir fortement une jambe; mais, voyez-vous, je ne sentis mon mal que dans la prison où nous fûmes conduits, à notre arrivée à Brest.

Les Français, voyez-vous, ont le cœur sensible et bon. Plusieurs femmes nous apportoient du bouillon et du vin; une, entre autres, me donnoit du linge pour envelopper ma jambe. Cette pauvre jambe, je la regardois un jour avec la plus grande inquiétude, lorsque Pompée, le croirez-vous? sensible à mon état, se mit à la lécher; et, de ce moment, ma jambe alla de mieux en mieux, et finit par se guérir sans le secours d'aucune emplâtre.

Quelque temps après, voyez-vous, je tombai très-malade; et la même bonne créature, qui m'avoit fourni du linge pour ma jambe, me prit chez elle, où ses soins et un air meilleur m'eurent bientôt rétabli. Je suis donc payé pour dire du bien des Français, et je les aurois quittés avec encore plus de regret, sans le desir extrême que j'avois d'embrasser ma femme et mes enfans; car, voyez-vous, mes chères demoiselles, il n'est rien tel dans ce monde comme une patrie et une famille! Il se fit un échange des prisonniers, j'y fus compris, et l'on m'embarqua sur un parlementaire anglais. J'allois donc revoir tout ce que j'avois de plus cher au monde; et le temps me promettoit une prompte et heureuse traversée, lorsqu'il changea tout-à-coup. Après trois jours et trois nuits d'une tourmente affreuse, notre vaisseau, voyez-vous, vint donner contre ces rochers. Ah! si vous aviez entendu comme il craquoit! La mer y entroit de tous les côtés; et chacun de nous, les mains élevées vers le ciel, s'écrioit: Mon Dieu, ayez pitié de nous! Il y avoit sur ce bâtiment une femme; et, comme je savois nager, j'essayai de la sauver. Pompée me suivoit; mais, hélas! une vague l'engloutit! Pauvre bête! Je criai, voyez-vous, comme un enfant, lorsqu'il disparut. Je parvins néanmoins, assisté de quelques-uns de mes camarades, à porter la femme sur le rivage; mais je perdis, de cette affaire, l'usage de mes jambes, pour avoir resté trop long-temps dans l'eau. Le ciel, cependant, ne m'abandonna pas. Cette bonne dame (en montrant mistriss

à-
ts
s-
re
l-
er
ın
le
ié
ıt
is
ıe
ıe
i,
's-
s,
a-
e;
re
p
n-
te
ss

En tout, je n'ai qu'à me louer de mon sort.

Mason) expédia un charriot pour venir nous prendre, et, à mes jambes près, voyez-vous, je lui dois l'existence. Après avoir entendu le récit de tous mes malheurs, elle envoya chercher ma femme et mes enfans qui se rendirent aussitôt, et elle nous fit bâtir cette cabane. Je passe ma vie à prendre du poisson pour mistriss qui me le paye bien, et, les jours de tempête, je me tiens aux aguets pour voir si je ne puis pas rendre à quelque malheureux naufragé le même service qu'elle m'a rendu. En tout, je n'ai qu'à me louer de mon sort, et j'en remercie bien la bonne dame ; car, sans elle, voyez-vous, ma femme, mes enfans et moi nous mendierions aujourd'hui notre pain sur le grand chemin.

Des larmes d'attendrissement couloient des yeux de mistriss Mason, tandis que le sourire de la bienveillance animoit tous ses traits. Les petites filles la tenoient chacune par une main, et la contemploient en silence, lorsque, pour mettre fin à une scène qui affectoit trop vivement sa sensibilité, mistriss Mason demanda s'il y avoit du poisson dans la cabane. Jack s'empressa de faire apporter celui de sa dernière pêche; il choisit les plus beaux, et pria ses hôtes de lui permettre de les leur apprêter. La proposition acceptée, les poissons furent bientôt cuits; tout le monde en prit sa part, et les trouva excellens. L'honnête Jack, pour divertir la compagnie, et lui témoigner sa reconnoissance, chanta quelques chansons de mer, dont les airs réjouirent beaucoup les enfans. En le voyant sauter avec sa béquille pour aller chercher du pain, Marie avoit commencé à rire, lorsqu'elle fut retenue par la réflexion que son

incommodité étoit d'autant plus respectable, qu'il n'avoit perdu l'usage
de ses jambes qu'en exposant sa vie
pour conserver celle d'un autre.

La tempête ayant cessé, mistriss
Mason dit aux enfans de bien remercier les habitans de la cabane
de l'asyle qu'ils avoient bien voulu
leur donner, et elle reprit ensuite
avec elles le chemin de sa maison.
Il ne fut question, tout le long de
la route, entre Marie et Caroline,
que du bon marin et de son fidèle
Pompée. ___

CHAPITRE XI.

MISTRISS MASON, dans la saison
des fruits, permettoit à ses élèves
d'en faire un libre usage. Caroline
avoit toujours soin de choisir les plus
beaux, et de se dépêcher de les

manger pour revenir à a charge ;
car, en général, elle étoit celle qui
en consommoit le plûs. Malgré ses
excès en ce genre, elle n'en avóit
encore éprouvé aucun mauvais effet,
lorsqu'un après-dîner, elle se plaignit d'un grand mal d'estomac, que
la pâleur de son visage et l'abattement de ses yeux ne confirmoient
que trop. Mistriss Mason lui admi-
nistra un léger vomitif ; et, après
qu'il eut opéré, elle la fit mettre au
lit ; ce qui mortifia d'autant plus
Caroline, qu'il avoit été arrangé
pour le soir une promenade dont
elle se promettoit beaucoup de plaisir. Marie voulut lui tenir compagnie;
mais mistriss Mason s'y opposa, en
lui disant que si l'indisposition de sa
sœur étoit survenue naturellement,
elle se seroit jointe à elle pour chercher à l'amuser, mais qu'il falloit
lui laisser subir la punition due à

sa gourmandise. — Il est bon, ajouta-
t-elle, qu'elle apprenne combien un
moment de plaisir cause quelquefois
de peines.

Le lendemain matin, Caroline,
quoiqu'encore foible, se leva, comme
à son ordinaire, pour assister à
la promenade qui avoit lieu avant
le déjeûner. Mistriss Mason, pendant ces promenades, racontoit à ses
pupilles des histoires, ainsi que nous
l'avons déja observé ; leur faisoit admirer les œuvres du créateur, et les
menoit visiter ses tenanciers les plus
pauvres. Ces visites leur apprenoient
non-seulement à distinguer leurs
besoins, mais tendoient encore à leur
inspirer à elles-mêmes l'amour de
l'ordre et de la propreté, en leur en
offrant le spectacle au sein de la
pauvreté. Au retour de la promenade
de cette matinée, mistriss Mason
s'arrêta, suivant son usage, dans sa

basse-cour, pour voir si on avoit donné à manger aux animaux, et c'est ce qu'elle appeloit gagner son déjeûner. La servante remplissoit dans ce moment les auges des cochons, et à peine ces voraces animaux lui donnoient-ils le temps d'achever. Caroline sentit parfaitement la leçon, et elle le témoigna par la rougeur qui lui couvrit le visage. Mistriss Mason, pour rendre la leçon encore plus utile, lui adressa ces paroles :

—La Providence, ma chère enfant, nous a donné des passions et des appétits pour les faire servir à notre bonheur ; et c'est à les maintenir dans de justes bornes, de peur qu'ils ne nuisent à nous et aux autres, que consiste la vertu. Des alimens sains, pris modérément, réparent nos forces, et entretiennent en nous la vie ; pris avec excès, ils appesantissent l'esprit qui finit par devenir l'esclave du corps, ou plutôt tous les deux tombent dans l'engourdissement; delà l'inaptitude au travail, la perte de la santé, et une mort prématurée. Le célèbre médecin français Dumoulins disoit que, pendant quarante ans qu'il avoit exercé sa profession, il ne s'étoit jamais levé la nuit que pour des gens qui avoient trop soupé. La sobriété est donc une des lois de notre organisation animale; mais il en est d'autres que la société nous prescrit, et qui demandent un sacrifice réciproque d'une partie de nos goûts et de nos appétits. Ces animaux que vous voyez ne vivent que pour eux, dévorent tout ce qu'ils trouvent; mais les hommes, pour peu qu'ils aient de sensibilité, aiment leurs semblables, et desirent d'en être aimés; ils veulent jouir, mais jamais au détriment des autres, et ils sont

*

trop jaloux de leur estime pour risquer de la perdre par leur intempérance, et en rapportant tout à eux. La vertu, en outre, exige des sacrifices, des privations; et, tant qu'on se laisse dériver au gré de ses penchans, on ne peut se dire vertueux : bien loin delà, c'est être vicieux. On remarque que la gourmandise se rencontre rarement chez les personnes très-occupées ou très-sensibles; elles n'apprécient les plaisirs de la table que ce qu'ils doivent valoir. Que la bonne chère soit le partage des gens oisifs; mais vous, mon enfant, attachez - vous aux choses intellectuelles, et vous serez frugale. Ce n'est pas cependant que je ne n'aime à voir les enfans et même les hommes faits attacher du prix à ce qu'ils mangent; mais je ne veux pas qu'ils abusent des bienfaits de la Providence; et que, pour soutenir leur corps, ils dégradent leur esprit immortel. Celui-ci a aussi ses besoins et un genre de nourriture qui lui est propre, et malheureusement ce n'est pas toujours le mieux servi.

Je vous ai déja observé que, jusques dans les plus petites choses, il falloit agir envers les autres comme nous voudrions qu'ils agissent envers nous. Ce doit être notre devoir de tous les jours, et les heures des repas nous en fournissent de fréquentes occasions. J'espère, Caroline, que je n'aurai plus à vous reprocher votre gourmandise ; et si malheureusement elle ne faisoit que croître avec vous, il faudroit vous résoudre à vivre seule ; car la société ne doit rien à quiconque ne croit rien lui devoir, et veut s'en approprier tous les plaisirs, sans en partager les charges, si tant est qu'on puisse donner ce nom à ces privations réciproques, qui en font le véritable charme.

Vous avez éprouvé hier que la peine suit de près le plaisir, quand on s'y livre avec excès. Si les effets de l'intempérance ne sont pas toujours aussi prompts, ils n'en sont pas moins infaillibles. La constitution insensiblement se détruit, et la vieillesse arrive surchargée d'infirmités. Vous avez été privée aussi d'une promenade très - agréable. Nous visitâmes le jardin de mistriss Godwin ; et, comme Marie m'avoit donné des preuves qu'elle savoit maîtriser ses appétits, je lui permis de prendre autant de fruits qu'elle desireroit. Loin d'abuser de cette complaisance, elle employa la plus grande partie de son temps à chercher et à cueillir pour moi les fruits les plus beaux, que cette attention de sa part me fit trouver encore plus délicieux.

Je me plais à renouveler ici à Marie les louanges qu'elle a si bien méritées. Elle s'est conduite, dans cette circonstance, avec une raison et une délicatesse parfaites ; en un mot, elle a pratiqué plusieurs vertus à-la-fois.

Mistriss Mason termina là son discours, et Caroline se promit bien d'imiter à l'avenir le bon exemple de sa sœur.

CHAPITRE X.

Mistriss Mason, qui mettoit la plus grande exactitude dans tout ce qu'elle faisoit, étoit souvent obligée d'attendre les enfans pour se promener, quoiqu'elle leur recommandât bien d'être prêtes à l'heure précise. Marie, sur-tout, avoit la

mauvaise habitude de remettre toujours au dernier moment ce qu'elle
avoit à faire; et alors elle le faisoit
mal, ou point du tout. Cette singulière manie fut plus d'une fois cause
qu'elle laissa échapper l'occasion de
faire du bien, et elle finissoit par
regretter, mais trop tard, d'avoir
perdu un temps qu'elle eût pu consacrer à une bonne action.

La même faute lui arriva un jour
qu'elle avoit à écrire à son père; et,
quoique sa lettre eût dû être prête
de bonne heure dans la matinée,
elle étoit à peine commencée à l'heure
marquée pour la promenade; et la
précipitation qu'elle mit alors à
l'achever, lui en fit oublier le sujet
principal, ou plutôt elle y parla de
toute autre chose que ce qu'elle avoit
à dire.

Elle courut alors rejoindre la
compagnie. Mistriss Mason, après

avoir fait traverser à ses élèves plusieurs champs, les conduisit, par
une longue avenue, à un vaste bâtiment tombé en ruine. Le lierre re-
couvroit ceux des murs qui résistoient
encore aux ravages du temps, et déroboit presque à la vue une magni-
fique porte d'entrée, surmontée de
deux lions mutilés, ainsi que de
vautours et d'aigles qui avoient perdu
leurs ailes. Près delà résidoient des
corneilles qui se tenoient perchées sur
de grands arbres, dont les branches
et le tronc étoient couverts de mousse.
Tout autour de l'édifice régnoit une
herbe longue et épaisse, à travers
laquelle rien n'indiquoit qu'aucune
créature humaine se fût encore frayé
un passage. Là, jamais le villageois
n'avoit promené sa faulx, ni mêlé
ses chants au cri de la corneille. Un
étang spacieux, sur les bords duquel
croissoient en abondance des plantes

aquatiques , offroit à l'œil une eau verdâtre , repaire d'une multitude de crapauds et de grenouilles. Dans beaucoup d'endroits étoient amoncelés des débris de monumens curieux et de statues de prix, écrasées sous le poids de leurs piédestaux. Ici, on couroit risque de tomber, en marchant sur le corps d'un héros ou d'un dieu enseveli sous l'herbe; plus loin, on heurtoit une tête, des bras, ou des jambes. La voix, quand on parloit, sembloit revenir à l'endroit d'où elle étoit partie , comme s'il lui eût été impossible de pénétrer l'air épais de ces lieux. Les rayons mêmes du soleil ne pouvoient le traverser; et le séjour des feuilles sur la terre, en contribuant à le rendre nuisible , faisoit encore qu'on avoit de la peine à marcher.

— Je vous ai amenées ce soir ici, dit mistriss Mason à ses élèves qui se tenoient collées à elle, dans l'intention de vous faire l'histoire de celui qui a habité le dernier cette maison ; mais comme la terre est humide, asseyons-nous sur les débris du pont-lévis.

Charles Townley étoit un garçon de beaucoup d'esprit et de sensibilité. Malheureusement, il se laissoit toujours gouverner par l'impression du moment. Sans force ni suite dans le caractère, ses plaisirs étoient continuellement troublés par le souvenir de quelques devoirs négligés ou omis. Il remettoit toujours au lendemain à se corriger ; et, le lendemain arrivé, il n'en faisoit pas mieux.

Informé, un jour, qu'un homme étoit dans le plus grand besoin, il n'eut rien de plus pressé que d'aller lui porter des secours ; mais, chemin faisant, il rencontra un de ses amis qui l'engagea à venir à la comédie :

— Demain, se dit-il en lui-même, je soulagerai mon homme. — Le lendemain, quelques personnes vinrent déjeûner avec lui, et il les emmena voir des tableaux. Le soir, il assista à un concert ; le jour suivant, se trouvant fatigué, il resta au lit jusqu'à midi ; il lut une histoire très-pathétique, versa des larmes, se rendormit, et oublia qu'il avoit une bonne œuvre à faire. Le hasard la lui ayant rappelée quelques jours après, il envoya chez l'homme ; mais il avoit trop différé, le malheureux étoit mort.

Il dépensoit sa fortune, comme il employoit son temps, c'est-à-dire sans réflexion ; et le malheur vouloit qu'il n'eût embrassé aucune profession, quoiqu'il se fût distingué dans toutes. Affectés de sa conduite, ses parens finirent par le faire renfermer ; mais voyant qu'ils ne pouvoient ni le corriger ni le fixer, ils l'abandonnèrent à lui-même, le laissant aux prises avec l'adversité.

Ce fut alors qu'il se fit les plus grands reproches. — Ah ! se disoit-il souvent, si je n'avois pas toujours remis au lendemain à bien faire, je jouirois aujourd'hui de l'affection de mes parens et des bénédictions du pauvre. — Il étoit presque tombé dans le désespoir, lorsqu'un de ses amis vint lui faire une visite. Cet ami, touché de sa position, et espérant que les étincelles de vertu qu'il avoit vu briller en lui se ranimeroient tôt ou tard, chercha à relever son courage. Bref, il paya ses dettes, et lui donna une somme suffisante pour passer dans l'Inde, et y réparer sa fortune. Il fit plus ; il le réconcilia avec ses parens, et acheva ainsi de le rendre parfaitement heureux.

Charles s'embarqua avec un très-

bon vent; et, la fortune favorisa
ses vœux et ses efforts, il acquit
dans l'espace de quinze ans, beaucoup plus de bien qu'il n'en avoit
espéré. Il forma alors le projet de
retourner dans son pays natal et de
s'y fixer.

Quoiqu'il eût conservé pour son
ami la plus tendre reconnoissance,
il avoit négligé d'entretenir avec lui
une correspondance aussi exacte qu'il
l'auroit dû ; cependant , comme il
savoit qu'il avoit une fille, son intention étoit de lui offrir la plus grande
partie de sa fortune, comme la meilleure preuve qu'il pût lui donner de
sa reconnoissance. Cette idée lui
plaisoit extrêmement; elle suffit pour
faire son bonheur pendant quelques
mois; et ayant appris par hasard que
son ami venoit d'éprouver des pertes
dans son commerce, il n'en désira
que davantage d'aller le rejoindre.

promptement. Il n'étoit, malheureusement pas encore, bien guéri de sa
manie du lendemain, et il remettoit
de jour en jour à arranger ses affaires.
Il écrivit néanmoins en Angleterre,
et y fit passer une somme considérable
à un correspondant, pour libérer la
maison que vous voyez de ses hypo-
thèques, et la préparer pour le recevoir.

Je ne finirai pas si j'entreprenois
de vous dire tous les délais qu'il apporta à son départ. Arrivé en Angleterre, il se transporta aussitôt ici, et
il fut si enchanté de l'arrangement
de sa maison, qu'il y passa un mois
entier, avant d'aller faire une visite
à son ami.

Sa négligence lui coûta, cette
fois-ci, des larmes bien amères; car
il apprit que son ami, réduit à la
dernière misère, avoit été jeté dans
une prison; et, lorsqu'il courut pour

l'y voir, il ne trouva plus que le corps de cet ami, car il étoit mort la veille. Parmi beaucoup de papiers posés sur une table, il y avoit une lettre, dont l'adresse, qui paroissoit avoir été tracée d'une main mourante, portoit le nom de Charles Townley. Celui-ci l'ouvrit ; les caractères en étoient presque illisibles, et elle contenoit ce peu de mots :

« Des malheurs imprévus m'ont conduit ici. En apprenant votre retour, un rayon d'espoir avoit pénétré dans mon cœur. *Je croyois connoître le vôtre*, et je me flattois d'en être aimé. J'espérois même passer encore quelques jours heureux dans votre société ; je me trompois, et la mort est aujourd'hui mon unique réfuge. »

— Grand dieu ! s'écria Charles, après avoir lu et relu cette lettre, que ne suis-je venu un jour plutôt?

je l'aurois vu, et il ne seroit pas mort
avec la pensée que j'étois le plus
ingrat des hommes ! Il se frappoit
la tête, et parcouroit d'un air égaré
la chambre de la prison ; puis s'ar-
rêtant l'œil fixé sur le corps de son
bienfaiteur, il s'écrioit d'une voix
brisée de douleur : « O le meilleur
des hommes, hier, ici, vous gémis-
siez de mon ingratitude ! Ah ! que
ne vous ai-je vu ! que n'avez-vous
été témoin de mon repentir et de
mes larmes ! »

Il ordonna ensuite de rendre les
devoirs funèbres à son ami, et il se
retira chez lui accablé de douleur.
Tout entier à son désespoir, il négligea de demander des nouvelles de
la fille de cet ami. Il étoit bien dans
ses projets de venir à son secours ;
mais il ne pensoit alors qu'à sa
propre perte.

Au bout d'un certain temps, il

envoya s'informer d'elle; mais les renseignemens qui lui parvinrent, loin d'être satisfaisans, ne firent qu'agraver ses remords et ses peines.

La pauvre fille avoit été engagée à un jeune homme estimable, du vivant de son père; mais, après sa mort, les parens du jeune homme l'envoyèrent sur mer pour empêcher l'effet de cet engagement. Privée par-là de tout espoir, et n'ayant pas assez de courage pour supporter la pauvreté, la jeune personne chercha à s'y soustraire, en épousant un homme âgé qu'elle n'aimoit pas. C'étoit, en effet, un personnage d'un caractère difficile et de mœurs peu régulières. Elle s'efforça en vain de lui plaire, et de dissimuler le chagrin qui la dévoroit, au milieu même des plaisirs qu'il pouvoit lui procurer. Comment eût-elle pu les goûter, ces plaisirs de l'opulence!

Son tendre et respectable père n'existoit plus. Celui à qui sa main avoit
été promise, et qu'elle estimoit,
étoit perdu pour elle. Il ne lui restoit
pas un ami à qui elle pût ouvrir son
cœur, et confier ses peines. Je vous
ai dit, mes enfans, que l'amitié
étoit fondée sur la vertu; et le mari
de cette jeune femme n'avoit que
des vices.

Eh! pourquoi aussi l'épousa-t-elle,
dit Marie?

Parce qu'elle étoit foible; mais je
ne vous ai pas achevé son histoire.
Le chagrin auquel son cœur avoit
cherché à résister, finit par déran-
ger sa tête; et son mari la fit renfermer aux Petites-Maisons.

A cette triste nouvelle, Charles
fut lui faire une visite. — Fanny,
lui dit-il, reconnoissez-vous votre
ancien ami? — Fanny le regarda;
et la raison parut un moment lui

revenir, car quelques larmes coulèrent de ses yeux ; mais reprenant aussitôt son air égaré, elle chanta des couplets de diverses romances, se plaignit des mauvais traitemens de son mari, et demanda plusieurs fois s'il étoit embarqué. Souvent elle adressoit la parole à son père, comme s'il eût été présent.

Il fut impossible à Charles de contenir sa douleur.—Ah ! s'écria-t-il, que n'ai-je perdu, comme elle, la raison ! je ne serois pas témoin de cette scène déchirante, ou du moins j'y serois insensible. Toute ma fortune, aujourd'hui, ne sauroit rétablir ses esprits ; mais si je lui avois délivré, aussitôt après la mort de son père, la somme que je lui destinois, elle jouiroit encore de sa raison, et je ne sentirois pas la mienne prête à m'abandonner.

Ce dernier coup acheva de l'acca-

bler. Il se retira dans cette maison ;
et, se livrant tout entier à la mélancolie, il négligea le soin de sa personne et de ses biens. Il avoit fait
transporter chez lui la pauvre Fanny,
et placé auprès d'elle une personne
de confiance pour la soigner et la
promener. Il alloit la voir tous les
jours, et, chaque fois, il éprouvoit
des tourmens affreux. Comment, en
effet, auroit-il pu supporter son aspect, lorsque sa conscience lui repro-
choit d'avoir , par sa négligence ,
réduit cette infortunée dans l'état où
il la voyoit !

A la fin il succomba à sa douleur.
Comme il mourut sans avoir disposé
de ses biens, il se présenta plusieurs
héritiers pour les réclamer ; mais
aucun ne pouvant prouver ses droits,
cette maison, faute d'entretien, s'est
insensiblement dégradée au point où
vous la voyez.

Mais la nuit, mes enfans, pourroit nous surprendre; hâtons-nous de regagner la maison. Marie, donnez-moi votre main, vous tremblez; je vois que je n'ai pas besoin de recommander à votre souvenir l'histoire de Charles. Allons, mon enfant, remettez-vous, et prenez la ferme résolution, si vous voulez être en paix avec votre conscience, de ne jamais renvoyer au lendemain le bien que vous pouvez faire dans le jour même. L'exactitude, je le sais, n'est pas une qualité bien apparente; mais elle a pour témoin cet observateur secret de toutes nos actions, qui saura bien un jour la récompenser en vous.

CHAPITRE XI.

LE caractère indolent de Marie se remontroit dans beaucoup d'autres

ur-
ous
on-
ez;
re-
is-
nt,
me
en
ne
le
le
is,
te;
er-
is,
ser

=

ie
es

Allons, mon enfant, calmez-vous, et ne remettez jamais au lendemain à faire une bonne action.

circonstances, et avoit des suites aussi fâcheuses. Par exemple, elle restoit au lit jusqu'au dernier instant, et delà il résultoit souvent qu'elle descendoit sans s'être lavé le visage ou nétoyé les dents. Mistriss Mason lui en avoit fait plusieurs fois des reproches ; mais, craignant de l'accabler de préceptes, elle attendoit quelque exemple marquant pour lui en faire l'application. Le hasard lui en présenta bientôt un, et elle se hâta d'en profiter.

Une dame, remarquable par le même défaut, étoit venue passer une semaine avec elle. L'ordre établi dans la maison, se ressentit plus d'une fois de son séjour. Rarement elle étoit prête ; et s'il survenoit de la compagnie pour dîner, ce qui demandoit plus de toilette, elle étoit si lente à se décider sur la robe ou le bonnet qu'elle devoit mettre, qu'on étoit obligé de l'attendre, jusqu'à laisser refroidir les plats sur la table. S'agissoit-il d'une partie de promenade ? c'étoit une lettre à achever, une commission à donner, ou un schalls à arranger ; en un mot, elle ne finissoit pas ; et, lorsqu'on la prioit de se dépêcher, elle disoit que de trop se presser l'incommodoit.

Quelques heures après son départ de chez mistriss Mason, celle-ci chercha à connoître l'impression que cette dame avoit faite sur Marie. Vous aimez, lui dit-elle, à rire de ce que vous croyez des ridicules ; et les véritables vous échappent, soit parce que vous ne savez pas les re-connoître, ou que vous craignez, en riant de ceux des autres, de rire en même temps des vôtres. Dans le premier cas, il devient essentiel pour vous d'apprendre à distinguer les ridicules, non pour vous en moquer, mais pour les éviter. Vous en avez été témoin d'un, bien frappant dans l'indolence de mistriss Dowdy; j'ai tort d'employer ici le mot de ridicule, car l'indolence est un défaut réel. Elle prend sa source dans le vuide de l'esprit; et, à supposer même que les négligences de mistriss Dowdy provinssent d'un esprit très-préoccupé, ce ne seroit pas une excuse suffisante pour elle de négliger habituellement une des parties essentielles des devoirs qui nous sont prescrits. Je dis habituellement, car souvent le chagrin distrait les personnes même les plus attentives; mais la douleur a des indications auxquelles on ne peut pas la méconnoître, et alors il faut plaindre, au lieu de blâmer. Quant à la préoccupation d'esprit, elle ne sauroit être continuelle ni longue; car l'esprit tend toujours à redevenir libre. Il n'en est pas de même de la dame dont nous parlons; d'ailleurs, toujours extrême, elle passe de la toilette la plus négligée à la parure la plus élégante.

Je recommande continuellement à Caroline de ne pas employer beaucoup de temps à parer sa personne; mais je ne vous ai jamais dit de négliger la vôtre. La vraie sagesse repose entre les extrêmes. J'appelle vanité un goût immodéré pour la parure, mais l'attention due à sa personne ne sauroit mériter ce nom. Évitez donc d'employer beaucoup de temps à votre toilette; mais donnez-y tout celui nécessaire. Le goût naît du jugement; attachez-vous à exercer le vôtre, et bientôt vous aurez le juste sentiment des convenances. Libre alors d'occupations frivoles, il en résultera pour vous une économie de temps d'autant plus précieuse à votre âge, que c'est celui où l'esprit est plus accessible à l'instruction, et où le cœur s'enflamme plus aisément d'amour pour la vertu.

De toutes les femmes que je connoisse, mistriss Trueman me paroît la plus exempte de vanité et de ces petites vues qui dégradent le caractère des femmes. Ses vertus suffiroient pour commander l'attention ; mais quoique toute entière aux devoirs d'une bonne mère de famille, elle n'en est pas moins mise toujours avec beaucoup de goût. Elle ne ressemble nullement à ces femmes qui ne s'habillant que pour le spectacle ou la promenade, restent chez elles dans un négligé dégoûtant. Ennemie de toute singularité et ne cherchant à plaire qu'à sa famille et à ses amis, elle se pare le matin pour toute la journée.

La toilette des femmes se compose d'une infinité de détails; mais de l'ensemble résultent la grâce et l'aisance de la personne, et c'est lui qu'il faut soigner. Qui veut exceller dans les petites choses, rarement réussit dans les grandes; insensiblement l'esprit prend le niveau des objets auxquels on l'applique. Il est bien, sans doute, de se mettre avec quelque soin, mais non jusqu'à vouloir se faire admirer, car ce seroit vanité, et la vanité est l'esprit des sots.

La première de toutes les parures est la propreté; et en général, elle est la plus négligée, sur-tout parmi les femmes dépourvues de goût, qui ne se croient bien qu'autant qu'elles sont surchargées d'ornemens.

Loin de m'opposer à ce que vous vous habilliez suivant votre âge, je vous verrai toujours, avec plaisir, porter les couleurs les plus gaies : les fleurs sont la parure du printemps; mais je veux que tout soit assorti chez vous, et j'insiste sur-tout pour que vous ne descendiez jamais le matin, sans avoir satisfait aux règles de la propreté.

Je m'habille toujours avant le déjeûner, et je desire que vous imitiez mon exemple, à moins que vous n'en soyez empêchée par quelque obstacle réel; votre négligence, mon enfant, vous priva hier d'une promenade agréable. Je me serais certainement fait un plaisir de la différer de quelques instans, si je n'eusse été convaincue que vous méritiez d'être punie.

Les hommes, en général, se plaignent d'attendre les femmes. Evitez ce défaut quelque léger qu'il puisse vous paroître; la moindre faute devient grave, quand elle tend à affoiblir l'estime des autres. En effet, à

force de se faire pardonner des bagatelles, on donne un certain empire
sur soi, d'où naissent souvent la fa-
miliarité et le mépris. Le respect des
hommes est le trésor des femmes.
Il est le lien et la sûreté des intimités
sociales ; c'est une barrière placée
entre les hommes et nous. Il naît de
l'estime qu'inspire notre attachement
à nos devoirs et se conserve par elle.
Une fois perdu, il ne se recouvre
plus.

CHAPITRE XII.

LES élèves n'étant point descendues
un matin pour déjeûner à l'heure
accoutumée, mistriss Mason, inquiète de ce retard, monta chez elles
pour en savoir la raison. Comme
elle entroit dans leur chambre, elle
entendit Marie qui disoit à la ser-

vante : « J'admire votre imperti-
« nence de me répondre ainsi ; savez-
« vous bien à qui vous parlez ? » …
« — A une petite fille qui a besoin
« qu'on l'aide, parce qu'elle est
« foible, lui dit mistriss Mason
« en l'interrompant ». Marie, à ces
mots, recula de honte, et mistriss
Mason poursuivit ainsi : « D'a-
« près la manière dont vous venez
« de traiter Betty qui a dix ans
« plus que vous, vous aurez la
« bonté de vous servir vous-même,
« et comme il vous faudra plus de
« temps pour vous habiller, Caroline
« et moi nous allons déjeûner et
« faire une visite à mistriss True-
« man. Vous aurez tout le loisir de
« faire des réflexions pendant notre
« absence, et j'espère qu'à notre re-
« tour nous vous trouverons convain-
« cue, que les enfans sont infé-
« rieurs aux domestiques qui, étant

« plus âgés qu'eux, doivent avoir
« aussi plus d'expérience , et que
« les premiers demandent à être
« gouvernés et dirigés, jusqu'à ce
« que leur raison ait acquis assez
« de force pour qu'ils puissent se
« gouverner eux-mêmes; car ce n'est
« que par l'exercice de sa raison,
« que l'on est vraiment indé-
« pendant ».

De retour chez elle, mistriss Mason dit à Marie d'un ton affectueux:
« Je vous ai souvent représenté que
« chaque don de la providence avoit
« pour objet notre bonheur , lorsque
« nous n'en contrarions pas l'effet.
« Tous les hommes sont dépendans
« les uns des autres par leurs besoins;
« mais la chaîne qui les réunit doit
« être un lien d'amour et de services
« réciproques , de manière qu'en
« s'entr'aidant mutuellement, il
« n'existe parmi eux d'autre inério-

« rité que celle de la foiblesse de
« l'âge et de la raison ».

Vous avez lu la fable *de la tête*
qui se prétend supérieure aux autres
membres, quoique tous soient également nécessaires au soutien de la
vie. Si je me comporte mal avec
mes domestiques, je romps cette
partie de la chaîne qui m'unissoit
à eux, et dès-lors ils ne me doivent
plus rien ; c'est l'anneau qui se détache de sa place. Les enfans ont
besoin de tout le monde ; j'ai or-
donné à mes domestiques de vous
servir, parce que vous êtes dans
cette classe ; mais je n'ai pas autant
de considération pour vous que pour
eux. Vous pouvez y avoir droit un
jour en devenant vertueuse ; mais eux
le sont déja, car ils remplissent les
devoirs de leur état avec la plus
grande exactitude.—Comment osez-
vous donc, Marie, traiter avec mé-

pris des gens dignes de votre respect?

« Les riches et les puissans de
« de la terre peuvent, comme la
« beauté extérieure, en imposer,
« par leur éclat, aux yeux et à
« l'imagination de la multitude; ils
« ne sont que mes inférieurs, si je
« les surpasse en raison, en lumières
« et en vertus. Il en est de même
« à mon égard de ceux dont la for-
« tune est au-dessous de la mienne.
« Quoique tous égaux, suivant la
« nature, je les regarde comme
« bien supérieurs à moi, s'ils réu-
« nissent plus de talens et de vertus.

« Je ne saurais trop vous répéter
« qu'un enfant est inférieur à un
« homme, parce que la raison n'est
« pas encore développée chez lui,
« et que c'est elle qui place l'homme
« au-dessus de la brute et nuance
« les hommes entre eux, en donnant
« la prééminence au sage sur l'in-

« sensé et à l'homme instruit sur
« l'homme ignorant.

» Ce matin, en entrant dans votre
« chambre, je vous ai entendue
« injurier une servante estimable;
« vous veniez de dire vos prières,
« et il falloit que votre cœur n'y
« eût point pris part, autrement
« vous n'auriez pas oublié sitôt que
« vous étiez un être foible, dépen-
« dant, et qui pour être bien traité
« des autres, doit les traiter de
« même.

« Je vous exhorte donc à deman-
« der excuse à Betty de votre con-
« duite envers elle; toute offense
« exige une réparation, et ce n'est
« qu'à ce prix, d'ailleurs, que je con-
« sentirai qu'elle vous continue ses
« services. Que deviendriez-vous,
« mon enfant, sans son secours et
« le mien! Pouvez-vous vous élever
« vous-même, apprêter et cuire vos

« alimens, boulanger votre pain ;
« laver votre linge et même vous
« arranger toute seule ? Qui n'a pas
« l'intelligence ou la force que ces
« soins exigent, est encore enfant,
« et vous n'avez que trop prouvé
« aujourd'hui que vous l'étiez dans
« toute la force du terme ».

Marie se soumit au conseil de mistriss Mason, et dans le nombre de ses défauts essentiels à corriger, elle n'oublia pas la colère.

CHAPITRE XIII.

Mistriss Mason permit un jour à ses deux élèves de jouer toute l'après-dînée ; mais celles-ci, loin d'en profiter, paroissoient, au contraire, très-ennuyées. Ne sachant comment employer leur temps, elles s'amusoient à manger des gâteaux, quoiqu'elles ne fissent que de sortir de table. Leur amie, après avoir tenté inutilement de les mettre en train, pria Caroline de l'aider à coudre des chemises pour une pauvre femme qui en avoit le plus pressant besoin, et « pendant que nous travaillerons, ajouta-t-elle, Marie nous lira le conte que je vais lui indiquer. »

Ce conte intéressa vivement les enfans ; et, lorsqu'il fut achevé, mistriss Mason leur dit qu'elle avoit quelques lettres à écrire, qui la priveroient de faire sa promenade ordinaire ; mais que, voulant leur donner une marque de confiance, et les traiter en personnes raisonnables, elle alloit les charger d'une commission importante. C'étoit de porter les chemises à la pauvre femme, de s'informer de ses autres besoins, et d'y subvenir de la manière qu'elles jugeroient la plus convenable.

Les petites filles revinrent enchan-
tées de leur mission, et n'eurent rien
de plus pressé que de raconter ce
qu'elles avoient fait, et combien
elles avoient laissé la pauvre femme
heureuse et reconnoissante.

—Vous voyez, mes enfans, leur
dit mistriss Mason, tout le bien qui
résulte du bon emploi du temps. Il y
a trois heures, vous périssiez d'ennui,
et vous n'aviez de ressonrce contre
lui que de manger des gâteaux sans
la moindre faim, et tandis que beaucoup de malheureux, accablés sous
le poids du travail, manquoient
peut-être de pain. La lecture que je
vous priai de me faire parut vous
ranimer; mais l'exercice d'une bonne
action vous a rendues entièrement
à vous-mêmes, en vous comblant de
plaisir. Rappelez-vous cette recette,
lorsque vous serez embarrassées de
l'emploi de votre temps, et n'oubliez

jamais que l'oisiveté est le plus grand
des maux, parce qu'elle est la mère
de tous les vices, et qu'elle rend
notre existence insupportable et à
nous et aux autres.

La Providence nous a départi plusieurs remèdes contre l'ennui. De ce
nombre est *l'imagination*. En la
cultivant, nous acquérons ce que
l'on appelle du goût pour divers
genres d'étude qui charment nos
heures de loisir, et nous font distinguer dans la société. Les personnes
dont l'imagination est stérile, ne
parlent que d'elles ou de leurs voisins. Elles discourent sur des riens
pour tuer le temps, comme vous,
vous mangiez des gâteaux sans avoir
faim.

Le même vuide règne dans leurs
actions, et jusque dans leurs plaisirs, c'est-à-dire qu'elles ne savent
pas plus s'amuser que s'occuper.

Quelqu'un a dit, et c'est, je crois, un écrivain français, que *l'homme oisif étoit un méchant commencé*; habituez-vous donc, mes petites amies, à n'être jamais désœuvrées. Chaque nouvelle branche d'instruction est pour celui qui la cultive un préservatif de plus contre l'ennui, et, si je puis m'exprimer ainsi, une forteresse où l'on n'a rien à craindre des assauts du vice.

La musique, le dessin, et tous les autres arts utiles de l'imagination, éveillent la sensibilité, développent l'entendement, récréent l'esprit, forment le goût, et prêtent des grâces à la vertu même. Le plus grand charme de la jeunesse est la lecture, et c'est l'imagination qui préside d'abord au choix des livres, parce que le cœur veut être touché : la raison vient ensuite qui règle ce choix, le plus important de tous. Quiconque a reçu de

bonne heure des impressions hon-
nêtes, et s'est attaché à former son
jugement et à acquérir dés connoissances utiles, possède dans l'âge mûr
une mine d'or inépuisable. Heureux,
lorsqu'arrivés au terme de la vie, notre
conscience nous rend le doux témoignage que nous ne l'avons exploitée
que pour le bonheur de nos semblables !

CHAPITRE XIV.

LA moisson venoit de commencer.
Le spectacle qu'offroit la campagne
et la beauté du temps ravissoient les
enfans qui étoient continuellement
dehors pour voir travailler les moissonneurs. La joie se manifestoit sur
tous les visages, à l'aspect d'une ré-
colte abondante.

Mistriss Mason avoit soin, chaque

année, de faire laisser une part suffisante aux glaneurs, que cette
marque d'attention attiroit en assez
grand nombre ; et c'étoit pour elle
une jouissance bien douce de voir
les foibles mains des enfans et des
vieillards rassembler les épis épars.

L'honnête Jack étoit présent avec
sa famille ; et, lorsque les travaux
de la journée avoient cessé, il prenoit son violon qui, très-souvent,
n'avoit que trois cordes ; mais il n'en
falloit pas davantage pour mettre
en mouvement les pieds des jeunes
filles et des jeunes garçons qui dansoient jusqu'à la nuit.

Tous les ans, à cette époque,
mistriss Mason avoit la visite d'un
vieux joueur de harpe gallois, qui
restoit chez elle un mois, et quelquefois plus long-temps. Mistriss
Mason aimoit passionnément la
harpe, et elle prenoit au vieux

musicien ce degré d'intérêt que l'on prend d'ordinaire aux personnes qu'on a retirées du malheur.

Elle raconta aux enfans que, voyageant un jour dans le pays de Galles, sa voiture avoit versé près des ruines d'un ancien château. Pendant que le cocher relevoit les chevaux, et que son domestique avoit été chercher du secours à un village voisin, elle s'approcha de ces ruines pour les examiner.

Il étoit presque nuit, et déja l'on distinguoit les lumières des cabanes répandues autour. « A la « vue de ces ruines, continua mis- « triss Mason, je me rappelai les « temps où la maison à qui elles « appartenoient étoit la demeure « de quelque famille hospitalière. « Je me retraçois les mœurs et les « usages alors existans, et les com- « parois avec ceux des habitans

« actuels du pays, quand tout-à-
« coup je fus tirée de ma rêverie
« par le son d'une harpe. Je me
« crus transporté réellement dans
« ces siècles reculés, tant la musique
« que j'entendois étoit simple et tou-
« chante. Je prêtois une oreille at-
« tentive, et guidée par le son de
« l'instrument, j'arrivai à une petite
« cabane mal bâtie, et à peine dé-
« fendue des injures du temps. Elle
« étoit adossée aux murs d'une
« vieille tour et construite en pierres,
« liées entre elles par un mélange
« de paille et de terre détrempée.
    « J'entrai, et j'aperçus un vieux
« homme assis devant quelques
« tisons qui flamboient dans la
« cheminée, et une jeune femme
« tenant penché contre son sein un
« enfant qui tettoit, et un autre sur
« ses genoux. Près d'eux étoient
« une vache et son veau. L'homme

Guidée par le son de l'instrument, j'arrivai
à une petite cabane mal bâtie.

« jouoit de la harpe ; mais, dès
« qu'il me vit, il se leva, m'offrit
« sa chaise, la seule qu'il y eû,
« dans la cabane, et fut s'asseoir
« sur un coffre, placé dans un des
« coins de la cheminée. La porte
« une fois fermée, le jour ne péné-
« troit dans la cabane que par le
« tuyau de cette cheminée, si tant
« est qu'elle méritât ce nom. Après
« avoir raconté mon aventure, pour
« me faire pardonner la liberté que
« j'avois prise d'entrer, je priai le
« vieux homme de retoucher de
« l'instrument qui m'avoit attirée
« chez lui. Une cloison, formée de
« branches d'arbres sèches, séparoit
« l'endroit où nous étions d'un autre,
« dans lequel j'entrevis de la lumière.
« Cherchant à connoître qui habi-
« toit cette partie de la cabane, la
« femme me dit que c'étoit une jeune
« personne nouvellement mariée et

« appartenant à une famille hon-
« nête, mais pauvre, qui avoit préféré
« de vivre ainsi isolée, pour n'être
« à charge à personne. Je souris de
« plaisir, en pensant combien la
« véritable fierté aide à supporter
« les privations. »

Après être restée quelque temps
assise, je me levai, et le maître de
la cabane m'accompagna pour voir
si la voiture étoit réparée. Je trouvai
qu'on m'attendoit ; et, comme l'auberge où je devois aller coucher
n'étoit éloignée que d'environ deux
milles, le joueur de harpe m'offrit
de venir avec moi, et de jouer pendant que je souperois. C'étoit précisément ce que je desirois, car tout
ce que j'avois vu de lui m'avoit inspiré de l'intérêt et de la curiosité;
en conséquence, je le pris, avec sa
harpe, dans ma voiture.

Il me raconta, après souper, qu'il

(151)

avoit possédé autrefois une très-riche
ferme, mais qu'ayant eu le malheur
de déplaire au seigneur de qui elle relevoit, celui-ci, à force de vexations
et de procès avoit fini par le ruiner. Ce
petit tyran étoit dans l'usage d'exiger
de ses vassaux qu'ils envoyassent
faire sa moisson avant la leur. Le
pauvre joueur de harpe venoit, un
jour, de commencer la sienne, lorsqu'il reçut ordre d'amener le lendemain ses gens et ses voitures dans
les champs de ce roitelet. Il refusa
d'obéir, et ce refus fut la cause de
tous ses maux. — Ah ! madame, me
dit cet infortuné, votre cœur se dé-
chireroit, si vous entendiez le récit
de toutes les cruautés de cet homme
envers moi et envers ses autres tenanciers. Il employoit un grand nombre
de journaliers, et ne leur donnoit pas
la moitié des gages qu'ils auroient
reçus du plus petit fermier ; mais ils

avoient si grand peur de lui, qu'ils
n'osoient le refuser quand il les en-
voyoit chercher. Il exigeoit qu'ils lui
apportassent les plus beaux poissons
qu'ils prenoient, autrement il ne leur
auroit pas permis de pêcher dans la
rivière, et, en général, tout ce qui
étoit à sa convenance, il s'en empa-
roit, ou le payoit au-dessous de son
prix.

— Je n'entreprendrai pas, m'a-
jouta-t-il, de vous faire le détail de
toutes ses persécutions; car ce seroit
à n'en jamais finir. Je fus donc
obligé d'abandonner la ferme, et je
vins vivre avec ma fille que vous
avez vue ce soir, et qui avoit épousé
un jeune homme très-laborieux. A
peine je jouissois du plaisir de me
trouver parmi eux, que ce même
seigneur fit jeter mon gendre dans
une prison pour avoir tué un lièvre,
comme ont coutume de faire tous

les gens de la campagne quand ils en surprennent au gîte. Tombé une seconde fois dans la misère, je bâtis la petite cabane où nous avons eu le plaisir de vous recevoir, pour y loger ma pauvre fille et ses enfans. Je les fais vivre avec ma harpe, grace au maître de cette auberge, qui me procure l'occasion d'en jouer devant les voyageurs qui s'arrêtent chez lui. Quelque précaires que soient les secours que j'en retire, ils nous empêchent néanmoins de mourir de faim, ainsi que notre pauvre Thomas, à qui nous envoyons un peu de pain dans sa prison.

Il m'apprit ensuite que le château, dont les ruines lui servoient aujourd'hui d'asyle, avoit appartenu autrefois à sa famille. Telles sont, me dit-il, les vicissitudes de ce monde, et en même temps il ressaisit sa harpe.

Tandis qu'il en faisoit résonner les cordes plaintives, je réfléchissois à ses dernières paroles, et je ne pouvois assez m'étonner des changemens qu'un seul siècle peut opérer. — Le descendant de celui qui a fait bâtir ce château, me disois-je, vit aujourd'hui, enseveli sous ses ruines, et suspend sa harpe à ses colonnes brisées. Périr est donc le sort commun des monumens et des hommes !

Après avoir congédié mon joueur de harpe, j'envoyai chercher l'aubergiste pour prendre quelques renseignemens à son sujet, et voyant qu'ils étoient parfaitement conformes à ceux qu'il m'avoit donnés lui-même, je résolus de l'assister, et bénis la Providence de m'avoir fourni l'occasion de faire une bonne œuvre. Je connoissois dans le voisinage un homme qui avoit du crédit ; je fus le voir pour l'engager à faire mettre

en liberté le gendre. Je réussis non-
seulement à le rendre à sa famille,
mais j'obtins encore de mon ami de
lui louer une petite ferme dépendante
de ses domaines, et je fournis l'argent
nécessaire pour monter l'établisse-
ment en bestiaux et en instrumens
aratoires.

Il me seroit difficile de vous
exprimer, mes enfans, la reconnoissance du joueur de harpe; il me fit
une visite l'été suivant, et, depuis
cette époque, il n'a pas discontinué
de venir, chaque année, amuser et
faire danser nos moissonneurs. Il
doit recommencer ce soir.

Le soir arrivé, l'aire de la grange
rétentit bientôt sous les pieds des dan-
seurs. Ce n'étoient ni des pirouettes ni
des cabrioles, mais tout simplement
des bonds et des sauts, accompagnés
de cette gaieté franche, partage de
l'innocence et de la paix de l'ame.

Mistriss Mason avoit coutume, à
cette époque de l'année, de distri-
buer de petits présens aux journaliers
qu'elle employoit, pour les aider à
supporter les rigueurs de l'hiver.
Elle donnoit aux hommes des vête-
mens chauds, et aux femmes du lin
et de la laine filée. Ceux qui s'étoient
distingués le plus par leur industrie
recevoient en outre une récompense
le premier jour de l'an. La part des
enfans consistoit en livres et en de
petits jeux. Cette distribution étoit
attendue avec une impatience géné-
rale, ainsi que l'arrivée du bon vieux
gallois, qui étoit devenu pour tous
une ancienne connoissance, et que
chacun revoyoit avec un nouveau
plaisir.

CHAPITRE XV.

Le joueur de harpe se tenoit assis ordinairement sur un tronc d'arbre, à l'ombre d'un gros orme planté près de la maison. Un soir que les moissonneurs étoient à souper, mistriss Mason le pria de jouer quelques-uns de ses airs favoris, pendant qu'elle et les enfans se promenoient autour du vieux orme.

La lune venoit de se lever; aucun nuage ne voiloit sa lumière, et près d'elle brilloit un grand nombre d'étoiles. Le calme qui régnoit dans la nature, et la douceur de la musique, portoient à la mélancolie et à l'attendrissement. Cette scène, en agitant l'ame de mistriss Mason, réveilla dans son esprit différens souvenirs,

dont elle ne put cacher les impressions. La joie se peignoit sur tous
ses traits à l'idée des malheureux
qu'elle avoit soulagés, et des larmes
s'échappoient de ses yeux quand
elle se rappeloit ses propres infortunes et les illusions de sa jeunesse.
« J'ai éprouvé de grands chagrins,
« mes petites amies, dit-elle à ses
« deux élèves en se retournant de
« leur côté ; mais ils sont aujour-
« d'hui d'une nature plus suppor-
« table. A peine je venois d'entrer
« dans la vie, que je connus le mal-
« heur. Je perdis de bonne heure
« les amis et les protecteurs de mon
« enfance, perte que le temps n'a
« pu me faire oublier ; et, si j'y ai
« survécue, je le dois à ma raison.
« Elle a affoibli ma douleur sans la
« détruire, et, en général, la situa-
« tion actuelle de mon esprit a
« beaucoup d'analogie avec la scène

« présente devant vous. Je me tiens
« éloignée du monde, mais sans y
« avoir renoncé entièrement ; car je
« puis faire du bien, jusqu'à ce
« qu'un nouveau soleil vienne m'é-
« clairer. Oui, au-delà de la nuit
« du tombeau, luira, j'espère pour
« moi, un jour éternel ! Si je vous
« parle de mes peines, c'est pour
« vous apprendre, mes enfans, ce
« qui m'aide à les supporter.

« Les afflictions que j'ai éprou-
« vées ont dirigé naturellement mes
« pensées vers celui qui est l'auteur
« de toute consolation. La prière,
« mes petites amies, est le plus
« doux présent fait à l'homme, et
« l'unique ressource d'un cœur brisé.
« Le mien a été souvent blessé par
« l'ingratitude de mes semblables ;
« les personnes que j'avois le plus
« aimées, m'ont abandonnée. Dans
« l'état d'isolement où elles me

« laissèrent, j'élevai mon ame vers

« Dieu, et je ne me sentis plus seule.

« Tous les jours je le remercie de sa

« bonté, et tâche de l'imiter, autant

« qu'une créature humaine peut ap-

« procher de ses œuvres. Le cœur

« retrouve toute son activité dans

« l'exercice du bien, comme c'est

« dans la prière qu'il puise un

« nouveau courage.

« Ayez toujours recours, mes

« enfans, à ces deux moyens, au

« milieu des tourmentes de la vie.

« La prière calme les passions,

« éclaire le jugement, et assoupit

« nos maux. C'est un doux sommeil

« après une longue fatigue. La meil-

« leure est celle qui opère tous ces

« effets en nous, n'importe quelles

« expressions elle emploie. Toutes

« celles qui ne nous rendent pas

« plus résignés et plus sages, ne

« sont que momeries et grimaces.

« D'anciens peuples adressoient des
« prières au Diable, et lui sacri-
« fioient jusqu'à leurs enfans. Le
« Dieu que nous servons ne de-
« mande de nous que d'être humains,
« raisonnables et justes.

« Je me propose de vous mener
« demain faire une visite à l'institu-
« trice du village, et de vous raconter
« son histoire, pour vous prouver
« l'utilité de la résignation.

« Vous pouvez maintenant aller
« danser ; je vous rejoindrai après
« une promenade que je desire faire
« seule. »

CHAPITRE XVI.

LE matin suivant, mistriss Mason
s'assit près de la table sur laquelle
les enfans étoient à travailler, et

leur raconta l'histoire de l'institutrice, après leur avoir promis que,
s'il faisoit beau temps l'après-dînée,
elle les mèneroit la voir.

« Son père, M. Lofty, étoit, leur
« dit-elle, le plus jeune des enfans
« d'une famille ancienne. Son édu-
« cation avoit été très - soignée,
« quoique sa fortune fût très-bornée.
« Ses parens néanmoins paroissoient
« disposés à tout sacrifier pour son
« avancement, lorsqu'il épousa,
« contre leur gré, la fille d'un
« ecclésiastique du pays, femme
« d'un mérite accompli.

« Quelque temps après la naissance
« de leur fille Anna, le frère aîné
« de M. Lofty, qui portoit le nom
« de *Cærmarthen*, se réconcilia
« avec lui; mais ce rapprochement
« ne servit qu'à l'entraîner dans
« des dépenses qui ne cadroient nul-
« lement avec ses facultés. M. Lofty

« étoit un homme plein d'honneur
« et d'humanité. Malheureusement
« il ne savoit pas régler ses bien-
« faits; car, lorsque sa compassion
« étoit vivement excitée, il donnoit
« plus que ses moyens ne le lui per-
« mettoient. Plus malheureusement
« encore, il mettoit dans l'exercice
« de sa bienfaisance un certain air
« d'ostentation qui en ternissoit tout
« le lustre. Cette conduite peut s'ex-
« pliquer, en disant que son premier
« mouvement partoit de sa sensibi-
« lité, et le second d'un amour
« immodéré des applaudissemens
« humains; comme si, en faisant
« le bien, on devoit ambitionner
« d'autres juges que Dieu et sa
« conscience, et d'autre récompense
« que le plaisir même d'une bonne
« action.

« Ce que je pourrois vous dire du
« caractère de mistriss Lofty, sa

« femme, vous apprendroit moins
« à la connoître, que ce passage
« d'une lettre que m'écrivit sa fille,
« qui est la dame que nous devons
« aller voir : »

« Ce jour étant l'anniversaire
de celui où j'eus le malheur de
perdre la plus tendre des mères,
je le consacre tout entier à sa
mémoire et à ma reconnoissance.
Elle éprouva de grands chagrins,
et fut mise à de rudes épreuves;
mais jamais il n'y eut rien à reprocher à sa conduite. Inconnue,
pour ainsi dire, au monde, elle
pratiquoit en silence les devoirs et
les vertus de son état, sans chercher à captiver l'admiration publique. Il lui falloit une récompense plus digne de son cœur, et
elle la trouva dans l'assistance de
celui qui est la source de tout
bien ; car il lui donna la force de

résister à des peines auxquelles elle eût en vain cherché un adoucissement dans les consolations humaines. »

« Anna avoit près de dix-huit ans, « lorsque cette aimable femme mou- « rut. Elle fut laissée aux soins de « son père dont elle avoit déja pris « quelques - unes des dispositions. « Heureusement, les bons principes « que sa mère lui avoit donnés « rectifièrent ses notions de l'hon- « neur, au point qu'elle laissa tou- « jours guider son cœur par sa « raison.

« Son père, qui, insensiblement, « avoit formé des dettes considé- « rables, se livra, après la mort de « sa femme, à diverses spéculations « qui, toutes, au premier aspect, « paroissoient devoir lui réussir ; « mais, comme il manquoit de « cette souplesse de caractère et de

« cet esprit d'intrigue avec lesquels
« on fait fortune dans ce monde,
« elles ne firent que l'enfoncer plus
« avant dans l'abyme. Dénué de
« toute force intérieure, il devint
« triste, rêveur, colère, et peu s'en
« falloit qu'il ne haît ce monde,
« dont il avoit tant ambitionné les
« suffrages. Ses affaires prirent à la
« fin une tournure si désespérée, qu'il
« fut obligé d'accepter l'offre que
« lui fit son frère de l'amener sur
« le continent, où il comptoit sé-
« journer quelque temps pour la
« santé de sa femme, qui étoit une
« très-belle personne. Anna devoit
« être de la partie.

« Les déférences qu'entraînent les
« obligations humilioient la fierté
« de M. Lofty, et le sentiment de sa
« dépendance le rendoit d'une sus-
« ceptibilité singulière.

« Se trouvant un jour dans une

« société nombreuse, où un homme
« de la compagnie fit quelques plai-
« santeries qui ne lui étoient pas
« personnelles, mais qu'il s'appro-
« pria, il crut son honneur offensé,
« et, le lendemain matin, il lui
« envoya un cartel. La rencontre
« eut lieu, et il tua son adversaire
« qui, avant de mourir, lui pardonna,
« en déclarant que les plaisanteries
« qui l'avoient si fort blessé lui
« étoient échappées, sans la moindre
« intention de sa part d'offenser
« personne.

« Ce malheureux parut désespéré
« de terminer aussi subitement une
« vie, passée jusqu'alors dans les
« plaisirs. A peine put-il articuler
« les noms de sa femme et de ses
« enfans; mais le mouvement de
« ses lèvres livides indiquoit qu'il
« prioit intérieurement pour eux.
« En vain M. Lofty s'efforça d'arrêter

« son sang qui couloit à grands flots;
« le coup étoit mortel, et bientôt
« l'infortuné rendit le dernier sou-
« pir en pressant la main de son des-
« tructeur. Comment vous peindre
« la situation de ce dernier ! Il courut
« se renfermer chez lui, où il s'aban-
« donna au plus violent désespoir.
« L'image de l'homme qu'il avoit
« tué, étoit sans cesse présente à
« son imagination ; il croyoit le voir
« encore étendu à côté de lui, et
« sentir sa main glacée presser celle
« qui lui avoit donné la mort : *Je*
« *ne puis plus vivre*, s'écrioit-il,
« *j'ai tué mon semblable!* Il y avoit
« deux pistolets sur sa table, il en
« prit un, et se tua. Le bruit ré-
« pandit l'alarme dans la maison.
« Ses domestiques et sa fille (car
« son frère étoit sorti) enfoncèrent
« la porte de sa chambre, et le
« trouvèrent baigné dans son sang.

« Comme il respiroit encore, un
« rayon d'espoir vint ranimer le
« cœur de sa fille ; et, pendant qu'on
« alloit chercher du secours, elle
« le soutint entre ses bras, où il
« expira avant que les domestiques
« n'eussent amené un chirurgien.

« L'horreur et le désespoir s'em-
« parèrent d'Anna ; elle saisit l'autre
« pistolet qui étoit resté chargé sur
« la table, et elle alloit s'en frapper
« lorsque la religion arrêta son bras.
« Elle tomba aux pieds de son père
« mort, et là, à genoux, elle en
« invoqua un, bien plus puissant
« et immortel, le père commun
« des hommes. Ses esprits devin-
« rent plus tranquilles ; et, lors-
« qu'ils se troubloient de nouveau
« par le regret de n'avoir pu re-
« cueillir la dernière bénédiction
« de son père, ni être entendue de
« lui quand elle cherchoit à adoucir

« ses derniers instans, elle recouroit
« encore à la prière, bien sûre d'y
« puiser une nouvelle force.

« Après la mort de son père, sa
« tante la traita comme si elle eût
« entièrement dépendue de ses bon-
« tés, ou plutôt en véritable ser-
« vante. Les amis et les connois-
« sances de cette dame en agissoient
« de même, et la pauvre Anna n'eut
« que des mortifications à éprouver. »

L'entrée d'une personne qui avoit
affaire à mistriss Mason, l'obligea
d'interrompre son récit; mais elle
promit aux petites filles de le reprendre l'après-dînée.

CHAPITRE XVII.

Aussitôt que la table eut été
enlevée, mistriss Mason, à la sol-
licitation des enfans qui avoient

abrégé leur dessert, pour avoir plutôt fini de dîner, continua, en ces
termes, l'histoire de la malheureuse
Anna :

« La pauvre fille eut à supporter,
pendant quelques années, les dédains
et les autres mauvais traitemens de
sa tante ; mais elle acquit en même
temps une grande connoissance du
monde et d'elle-même. Elle fit une visite au père de sa mère, et seroit restée
avec lui, si elle n'avoit craint, en
partageant son modique revenu, de
faire tort à deux autres de ses petits
enfans. Plus elle réfléchissoit sur sa
position et sur son caractère, et plus
elle étoit persuadée que la société
du grand monde où elle vivoit ne
lui convenoit nullement, comme
elle-même se reconnoissoit incapable
d'y jouer un rôle intéressant par le
mépris et l'indifférence qu'on lui
témoignoit. Héritière de l'esprit

d'indépendance de son père, elle se décida à secouer le joug pesant qu'elle portoit depuis sa mort, et à essayer de ne devoir qu'à son travail sa propre subsistance. Une personne, à qui elle fit part de ce projet, chercha à l'en détourner, en lui représentant toutes les privations auxquelles la pauvreté expose, ainsi que les obstacles et les mortifications qu'elle auroit à éprouver dans l'exécution de son plan. Quels qu'ils soient, lui répondit-elle, je les préfère de beaucoup à la honte de grossir le cortège de l'orgueilleuse ou vicieuse opulence, et de manger un pain amer, acheté au prix de ma propre estime. Mieux vaut, sans contredit, un dîner d'herbes, avec un cœur content. J'ai heureusement peu de besoins ; et, devenue ma maîtresse, le morceau de pain que j'aurai gagné me paroîtra mille fois plus doux, et l'eau qui servira à l'attendrir ne sera pas du moins inprégnée des larmes du désespoir où de l'indignation.

« Pour abréger son histoire, je vous dirai qu'après avoir essayé divers projets, elle vint me voir et me demander mes conseils. Toute son ambition se bornoit à trouver à subsister par son travail, mais d'une manière indépendante. Tandis que je réfléchissois sur ce qui pouvoit lui convenir, il m'arriva d'observer que nous aurions besoin, dans le village, d'une maîtresse d'école. Elle accepta avec empressement la place ; et, depuis dix ans qu'elle l'occupe, nous nous applaudissons, chaque jour, d'en avoir fait l'acquisition.

« Elle avoit été formée pour briller dans le grand monde ; elle y a renoncé courageusement pour consacrer tous ses soins à l'enfance, et chercher, dans la retraite, la tranquillité d'esprit qu'elle est parvenue à y recouvrer.

« Elle habite seule, et n'a, en général, d'autre société que celle des enfans ; mais elle est heureuse par l'accomplissement de ses devoirs. Toutes ses affections se sont concentrées dans ce qui est bon, honnête et utile ; et l'élévation de ses pensées donne à sa contenance un air de dignité qui commande le respect. Si elle se trouve privée, par la médiocrité de ses moyens, de soulager tous les malheureux qui implorent sa pitié, du moins elle les plaint, les console et les assiste de ses conseils et de ses prières. C'est ce que j'ai entendu dire à son grand-père qui vient la voir quelquefois.

« Je vais maintenant, mes petites amies, faire un peu de toilette, ayant pour principe, lorsque je visite des personnes que le malheur a fait déchoir de leur ancien état, d'affecter avec elles un air de cérémonie, dans la crainte de les offenser; car le malheur rend susceptible. »

***

CHAPITRE XVIII.

Mistriss Mason fut bientôt prête; et, pendant qu'elle avoit été occupée à s'habiller, les petites filles s'étoient plu à rassembler des fleurs et à en former un bouquet pour l'institutrice du village, dont le jardin étoit très-petit.

Ses élèves sortoient précisément de chez elle, lorsque mistriss Mason et ses deux pupilles y entroient. L'essaim joyeux se pressa, en bourdonnant, autour de mistriss Mason. C'étoit à qui en obtiendroit un sourire, une caresse, tant chacun y attachoit de prix ; les petites filles s'inclinoient modestement devant elle, et les petits garçons élevoient un nuage de poussière, en tirant le pied en arrière pour lui faire leur révérence.

Mistriss Mason trouva leur maîtresse se mettant à sa table à thé; et celle-ci, avec cette politesse aisée que donne l'usage du monde, l'invita, ainsi que ses deux compagnes, à y prendre place.

La moisson ne tarda pas à devenir le sujet de la conversation, et il fut question du joueur de harpe. « La vanité des naturels du pays de Galles, dit Anna, m'a souvent amusée. J'en ai connus dont l'habitation se distinguoit à peine de celle des animaux de leur basse-cour, qui ne parloient que de leurs ancêtres, et méprisoient souverainement le commerce. Les uns s'empressoient de m'apprendre qu'une branche de leur famille avoit fondé l'église de l'endroit; les autres revendiquoient pour un de leurs aïeux l'honneur d'y avoir fait graver les dix commandemens de Dieu en lettres d'or. Ceux-ci étoient fiers des tombeaux de leurs ancêtres; ceux-là, des inscriptions qu'ils portoient, et tous ces fastueux mausolées se réduisoient à une simple petite pierre qu'ils faisoient couvrir de fleurs tous les dimanches; hommage simple et touchant sans doute, quand c'est le cœur qui le dicte! en général, la manie des hommes est de vouloir vivre dans le passé et dans l'avenir. Ce n'est pas qu'il ne soit louable de chercher à transmettre son nom à la postérité; mais, pour cela, il faut se rendre recommandable dans le temps où l'on vit. »

Mistriss Mason observa qu'il y avoit cependant un orgueil de famille, profitable à la société, celui de se glorifier des belles actions de ses ancêtres. « L'orgueil, ajouta-t-elle, qu'inspire le rang et la richesse, n'est que vanité, et ne produit rien de grand; mais celui qui naît de la vertu, élève l'ame et la porte à l'imitation. Il peut occasionner néanmoins des inconvéniens graves pour la société, comme de faire réfléchir le respect dû à la mémoire des grands hommes sur ceux qui n'en ont hérité que du nom, et de rendre moins recommandables les vertus et les talens des personnes qui n'ont aucun ancêtre à citer. Cet orgueil est sujet aussi à dégénérer en folie dans un esprit foible. »

« Jamais un homme fort de lui-même, répliqua Anna, ne consentira à accepter une réputation de la seconde main. Nous devons être fiers du mérite de nos ancêtres ; mais c'est

à nous de créer notre immorta-
lité. Souvenez-vous, mes jeunes
amies, qu'il n'est que deux routes
pour y arriver sûrement, celles des
grandes vertus et des grands talens. »

La conversation roula sur plusieurs autres sujets, jusqu'au moment où l'approche de la nuit avertit
mistriss Mason de reprendre avec
ses élèves le chemin de sa maison.
Celles-ci se séparèrent avec beaucoup de regret d'Anna, qui leur
avoit inspiré de la confiance et une
grande vénération.

CHAPITRE XIX.

« JE vous ai souvent répété, dit
un matin mistriss Mason à Marie
et à Caroline, que nous dépen-
dons tous les uns des autres, et
cette dépendance a été sagement

ordonnée par la providence, pour nous faire un besoin de nous aimer et de nous secourir mutuellement. Delà naquirent toutes les vertus sociales, et la société elle - même qui a pour terme de perfection, *l'amour de ses semblables.*

« Je ne crois pas avoir goûté de plus grand plaisir que celui qui émane de l'exercice de la bienfaisance, dans toutes ses différentes branches. Il fut une circonstance dans le cours de ma vie où je jouis de cette satisfaction dans toute sa plénitude, et il me sera bien doux de me la rappeler avec vous.

« Vous connoissez *Peggy,* cette jeune personne, que j'aime à avoir presque toujours auprès de moi, non pour en tirer quelque service, car j'évite le plus que je puis de donner de la peine aux autres, à moins que je ne sois malade, et alors j'en reçois avec reconnoissance les soins que je leur rendrois volontiers en pareille occasion. En rapprochant souvent Peggy de moi, je n'ai d'autre intention que d'être plus à portée de cultiver son esprit, et j'en suis bien récompensée, car je ne sache pas avoir dans le monde une amie qui me soit plus attachée, et qui cherche plus à me plaire.

« Je venois de perdre un enfant charmant, et la mort m'ayant ravi quelque temps auparavant son père, il me sembla perdre celui - ci une seconde fois. Nous étions alors dans le cœur de l'hiver ; malheureuse, éperdue, j'errois des heures entières au milieu des neiges. La vue de la nature en deuil avoit trop d'analogie avec ma situation présente pour m'être désagréable, car tout étoit mort aussi pour moi.

« Comme la neige commençoit

à fondre, je suivis un sentier, le long duquel je rencontrai un pauvre homme dont la situation me toucha vivement, quoiqu'il ne me demandât rien. Tous ses membres trembloient de froid, car il n'étoit couvert que de méchans haillons, et ses yeux éteints ainsi que sa foiblesse, annonçoient qu'il souffroit de besoin. J'étendis ma main qui renfermoit quelque secours, sans lui adresser aucune question sur la cause de sa détresse. L'infortuné saisit cette main, et tombant à mes genoux, il me remercia comme un homme qu'on viendroit de sauver du naufrage. Son attitude, (car je ne puis supporter de voir mon semblable à genoux) et la vive expression de sa reconnoissance oppressèrent tellement mes esprits, que je fus quelque temps sans pouvoir lui faire de questions. Revenue à moi, j'appris de lui les malheurs qui l'avoient réduit dans l'état affreux où je le voyois, et j'entrevis parce qu'il me dit que je lui avois rendu un plus grand service que je ne l'imaginois. En effet j'augurai qu'il avoit projetté de se détruire lorsque je le rencontrai, pour s'épargner le douloureux spectacle de voir son enfant périr de faim.

« Sa femme qui étoit accouchée dernièrement de cet enfant, venoit de mourir, faute d'alimens convenables, et par la rigueur de la saison. Tout mauvais qu'étoit son lait, il entretenoit du moins un souffle de vie dans son malheureux enfant; mais, son sein une fois glacé par la mort, la pauvre petite Peggy ne trouvoit plus qui le remplaçât. Je m'empressai de l'envoyer chercher; et après la mort de son père qu'elle perdit peu d'années après, Peggy n'eût plus que moi dans le monde qui s'intéressât à elle. Je l'adoptai en quelque sorte, et elle ne contribua pas peu à calmer en moi le désespoir de la perte d'une fille chérie. Ah ! mes enfans, vous ne savez pas encore toutes les consolations que la bienfaisance procure au cœur affligé qui l'exerce. C'est l'effet du baume versé sur la plaie d'un malheureux.

« Je reçus peu de temps après d'une pauvre femme, qui étoit un vrai philosophe-pratique, une leçon touchante de résignation.

« Elle avoit perdu son mari, qui étoit marin, et faute de pouvoir justifier de sa mort, on lui avoit refusé la pension d'usage. Elle vint me demander des morceaux d'étofe de soie, pour faire des pelottes pour les pensionnaires d'une école du voisinage. Sa figure, son maintien, en un mot toute l'habitude de son corps étoit si calme, ou plutôt si bien composée, que l'observateur le plus exercé auroit pris le change sur sa position, si la pauvreté de ses habits ne l'eût trahie ; et cependant l'infortunée avoit perdu presque du même coup son mari et son enfant, et pour ainsi dire, sa propre existence, car elle n'avoit point de pain assuré.

Le courage de cette femme me plut extrêmement, et elle trouva en moi un cœur qui sut répondre au sien. »

Mais je m'aperçois que je vous ai attristées, lorsque je ne voulois que vous entretenir et vous convaincre de l'utilité de la bienfaisance pour soi-même. Croyez-moi, mes enfans, employez ce remède, de préférence, dans toutes vos afflictions ; les effets en sont infaillibles.

CHAPITRE XX.

MISTRISS Mason et ses pupilles allèrent faire une visite l'après-dînée à mistriss Trueman, qu'elles trouvèrent assise dans son jardin, jouant de la guitare pour amuser ses enfans, qui dansoient sur le gazon. Elle se leva aussitôt pour aller les recevoir. Après que la conversation eût duré quelque temps, mistriss Mason la pria de reprendre sa guitare; les petites filles s'empressèrent de joindre leurs prières aux siennes. Pendant qu'elle jouoit Marie dit tout bas à mistriss Mason qu'elle donneroit tout au monde pour jouer aussi parfaitement; mais elle n'avoit pas parlé encore assez bas pour que mistriss Trueman n'eût entendu une partie de ce qu'elle avoit dit. « Ma jeune amie, lui observa-t-elle, vous appréciez beaucoup trop un simple talent d'agrément. J'ai moins cherché dans celui-ci la perfection, que le plaisir de récréer mes enfans, et de complaire à mon mari, qui aime cet instrument. La musique est un délassement pour lui, et dès-lors, il n'est pas étonnant que j'y aie fait quelques progrès. »

« L'observation de mistriss Traeman me paraît très-juste, dit mistriss Mason. Notre premier soin doit être de chercher à plaire à ceux avec lesquels nous vivons; et l'on est assuré d'y réussir en étudiant leurs goûts, et en s'y conformant; mais les talens de société n'exigent point la même perfection que les talens publics, et parce qu'ils occuperoient un temps précieux, et parce que, réservés pour sa famille et ses amis, on compte sur plus d'indulgence. »

La conversation fut interrompue par M. Trueman, qui apportoit aux enfans une corbeille garnie des plus beaux fruits. Après le thé, mistriss Trueman leur montra quelques-uns de ses dessins, et se rendant ensuite à leurs vives sollicitations, elle toucha du piano et son mari l'accompagna avec son violon.

Pendant tout le temps de la durée de leur retour à la maison, les petites filles ne cessèrent de faire l'éloge de mistriss Trueman. « Je ne saurois trop expliquer pourquoi, dit Marie; mais j'étois transportée de joie, quand elle m'adressoit la parole. Pour moi, s'écria Caroline, je n'ai jamais connu une femme d'un meilleur naturel. Vous avez raison d'exalter sa bonté, lui dit mistriss Mason qui venoit de se joindre à la conversation; personne, en effet, n'est plus humain, plus compatissant, plus serviable, et depuis l'insecte qu'elle évite avec soin d'écraser jusqu'à l'être qui existe de toute éternité, son affection embrasse tout. Vous ne sauriez trop, mes enfans, vous la proposer pour modèle, car c'est de sa bonté que dérivent ses qualités aimables. »

CHAPITRE XXI.

Les enfans jouoient dans le jardin, et mistriss Mason étoit occupée à lire, quand tout-à-coup elle fut alarmée par les cris de Caroline, qui accouroit vers elle. Marie, qui la suivoit de près, s'empressa d'apprendre à mistriss Mason que sa sœur, ayant effarouché par hasard des guêpes, celles-ci l'avoient piquée. Des calmans furent aussitôt appliqués sur les piqûres de Caroline ; mais elle ne cessa pendant tout le temps du pansement de jetter les hauts cris, sans le moindre ménagement pour la sensibilité des personnes occupées à la soulager.

Après que sa douleur se fut dissipée, mistriss Mason, prenant un air plus grave qu'à son ordinaire, lui adressa ces paroles : « Je suis fâchée de voir une fille de votre âge pleurer pour des souffrances physiques ; c'est une preuve de foiblesse d'esprit, et que vous avez encore fait peu de progrès dans la vertu. Combien de fois, cependant, ne vous ai-je pas dit qu'elle nous aidoit à tout supporter !

Le mot *vertu* dérive d'un autre qui signifie *force*. La force d'esprit est donc la base de la vertu et celle-ci doit être l'appanage d'un être, faible de sa nature, mais fort par sa volonté et ses résolutions.

« Les enfans sont assujétis de bonne heure aux peines du corps, pour les habituer à en supporter de plus grandes un jour. J'aime à leur voir dans ce premier essai, des éteincelles de cet orgueil qui porte à cacher ses souffrances. Ceux qui dans leur enfance pleurent au moindre mal qu'ils éprouvent, atteignent rarement le courage nécessaire pour endurer ceux d'un âge plus avancé ; et il y a cette différence entre une ame forte et une ame foible, que la première connoît les moyens de la défense, et combat du moins avant de se rendre, tandis que l'autre se rend sans résistance. Ainsi, dans cette lutte de la douleur, la partie la plus noble de nous-mêmes se laisse vaincre ignominieusement. L'ame seroit un puissant auxiliaire pour le corps, si on connoissoit toute sa force, et qu'on augmentât celle-ci par l'exercice.

« Il n'est pas de maux d'ailleurs qui ne soient la source de quelque bien. Le froid, la faim nous apprennent à être compatissans. La faim produit encore un autre avantage; celui de nous rendre moins difficiles sur le choix de nos alimens.

« Il faut en outre, comme on dit, faire de nécessité vertu. Ainsi, quand vous êtes obligée de prendre une médecine, avalez-la tout de suite, pour ne pas abuser de la complaisance de ceux qui vous la présentent. Si vous avez une dent à faire arracher, ou quelque opération à subir, décidez-vous y sur-le-champ. Différer en pareil cas, c'est s'exposer à souffrir plus long-temps. Je suis toujours prête à embrasser un enfant qui se conduit avec cette raison, parce qu'elle annonce qu'il aura un jour du caractère, en un mot, qu'il sera un être intéressant.

« Croyez-moi, ma petite amie, c'est en vous habituant à souffrir avec courage, que vous apprendrez à résister à vos passions. Quiconque s'accoutume à supporter les peines du corps, en acquiert plus d'aptitude pour triompher de celles encore plus cruelles de l'esprit.

« Je ne pourrois jamais estimer une personne qui craindroit de s'exposer à la faim et à la soif pour servir son semblable, ou dont la voix se refuseroit à plaider la cause de l'opprimé.

« Il existe chez quelques personnes un sentiment de foiblesse, si je puis m'exprimer ainsi, pour les maux des autres et de courage pour les siens propres, qui me pénètre toujours d'admiration. J'ai eu le plaisir de remarquer quelques traces de ce sentiment dans Marie. Je l'ai vue s'affecter des souffrances d'autrui comme si elles eussent été les siennes propres, et ses traits même étoient

plus changés que lorsqu'il lui arrive
de souffrir elle-même.

« Souvenez-vous donc, mes jeunes
amies, de vous montrer toujours
sensibles pour les maux d'autrui
et résignées pour les vôtres propres.

CHAPITRE XXII.

LES élèves avoient fait des progrès
marqués au moral comme au physi-
que. Un air d'expression commençait
à animer les beaux traits de Caroline, et ses yeux brilloient de cet
éclat si touchant et si doux que donne
la sensibilité; mais comme les personnes auxquelles nous faisons du
bien, s'attachent naturellement à nos
vertus, on admiroit encore plus sa
bienfaisance que sa beauté.

Le jugement de Marie s'étoit beaucoup formé, ou pour parler plus exactement, elle avoit profité de quelques leçons de l'expérience, et en se corrigeant peu à peu de son penchant à rire des défauts d'autrui, son cœur s'étoit ouvert à des senti-mens plus généreux. Tandis que mistriss Mason s'applaudissoit de ces progrès de la part de ses pupilles, elle reçut une lettre de leur père, qui desiroit qu'elles vinssent passer l'hiver à Londres, où il se proposoit de leur donner les meilleurs maîtres. Ce ne fût qu'avec peine que mistriss Mason consentit à faire ce voyage, ayant peu de temps à rester encore avec les enfans. Une fois décidée, les préparatifs furent bientôt faits.

Le jour du départ arrivé, Marie et Caroline parurent quitter avec regret la campagne; mais l'idée de voir la capitale, et le plaisir sur-tout d'embrasser leur père et de posséder encore quelque temps leur amie, eurent bientôt séché leurs larmes. L'automne, déja avancée, donnoit aux objets un aspect imposant. Les haies qui bordoient la route présentoient une grande variété de couleurs, et les arbres se dépouilloient de leurs feuilles ; mais les voyageuses étoient peu disposées à moraliser.

A leur entrée dans Londres, les pupilles de mistriss Mason éprouvèrent un ravissement inexprimable. Tout ce qu'elles voyoient excitoit leur étonnement et leur admiration, et jusqu'à ce qu'elles eussent été un peu plus familiarisées avec les objets, c'étoit, leur part, question sur question.

Leurs petites bourses se trouvant bien garnies, au moyen des libéralités de leur père, elles prièrent mistriss Mason de leur permettre de faire emplette de quelques articles dont elles avoient besoin, et celle-ci y consentit bien volontiers.

CHAPITRE XXIII.

CHEMIN faisant pour trouver une boutique de libraire, mistriss Mason engagea ses élèves à né pas dépenser tout leur argent à-la-fois, en leur représentant qu'il seroit possible qu'elles rencontrassent quelques pauvres à soulager dans une ville aussi peuplée que Londres. « Je ne veux pas dire par-là, ajouta-t-elle, que vous donniez à tous ceux qui vous demanderont, car outre que vos facultés n'y suffiroient pas, vous courriez risque de mal appliquer vos dons. Il est vrai que dans le doute, il vaut encore mieux donner, ne fût-ce qu'une bagatelle; et pour mon compte, j'aimerais mieux être trompée cent fois que de refuser une sans motif. »

Mistriss Mason les fit entrer dans une petite boutique, son usage étant de donner toujours la préférence à celles de cette espèce. « Ce sont les petits marchands, dit-elle, qui ont le plus de besoin de vendre. Je ne cours point après les bons marchés; car je veux que chacun retire le prix de sa marchandise. »

Les livres que les enfans cherchoient ne se trouvant point dans cette boutique, elles parurent très-empressées de la quitter; mais leur impatience fut contenue par un regard de leur amie. Pendant qu'elles suivoient la maîtresse de la boutique dans ses recherches, mistriss Mason avoit été frappée de l'air misérable de celle-ci et sur-tout du peu d'ar-

gent qu'elle lui demandoit de quelques livres. « Ces livres, lui dit
mistriss Mason, valent plus cher,
et je les prends à leur véritable
prix. Elle remit en même temps
quelque argent dans les mains de la
marchande, dont les yeux encore
humides de pleurs parurent briller
d'un rayon de joie. « Si je ne crai-
gnois, ajouta mistriss Mason, d'être
indiscrète, je prendrois la liberté de
vous demander qui a pu vous mettre
dans la position où vous me paroissez
être; peut-être serai-je assez heureuse pour vous en retirer. La
maîtresse de la boutique, fondant
aussitôt en larmes, la remercia en
lui disant : Votre bonté, madame,
y a déja pourvu; car l'argent que
je viens de recevoir de vous suffira
pour procurer du pain à mes pauvres
petits enfans, et à leur malheureux
père, qui se trouve enfermé pour

dette, quoique ce soit le plus honnête homme du monde. Il perdit hier sa femme, que le chagrin a fait mourir et, lui, il y a six mois qu'il est en prison. Obligée de les remplacer l'un et l'autre dans cette boutique, qui malheureusement n'est pas fort achalandée, il me reste peu de temps à donner à la poursuite de plusieurs créances dont la rentrée non-seulement tireroit mon fils de prison, en acquittant ses dettes, mais nous mettroit encore à l'aise : et ce qui accroît ma peine, c'est que les gens qui nous doivent sont très-riches. Il est vrai qu'ils vivent sur un si grand ton et qu'ils entretiennent un nombre si considérable de domestiques et de chevaux, qu'ils manquent souvent d'argent, et lorsqu'ils en ont, ils le dépensent en fantaisies, sans se soucier de payer les pauvres marchands à qui ils doivent. Nous avons différé pendant long-temps de leur demander de l'argent, dans la crainte de perdre leur pratique. La suite n'a que trop bien prouvé que nos craintes étoient fondées; car lorsque la nécessité nous força de leur présenter notre mémoire, ils envoyèrent prendre ailleurs, sans nous payer.

« Ah! ma chère dame, ce ne sont pas là tous mes chagrins. Mon fils, avant son malheur, étoit un des jeunes gens les plus sobres et les plus laborieux de Londres; mais aujourd'hui ce n'est plus le même homme. N'ayant rien à faire dans la prison, il s'est adonné à boire. Il dit que c'est un passe-temps et une consolation pour lui, et, ce qui me désole encore, il a contracté l'habitude de jurer, lui qui n'avoit juré de sa vie. Il n'est sorte de peine que je n'aie prise dans son enfance, pour le bien élever, et je dois dire à sa louange qu'il m'avoit jusqu'ici récompensée de mes soins par sa docilité et sa tendresse ; mais hélas, madame, je ne retrouve plus en lui les sentimens d'un fils ; il est devenu insensible aux larmes de sa mère ! La pauvre femme, en prononçant ces paroles pensa être suffoquée par ses sanglots. « Oui, ajouta - t - elle, il me fera mourir de douleur, et cependant j'ai encore pitié de ce pauvre garçon ; car je sens que c'est la prison qui l'a perdu. Il est renfermé avec un tas de brigands pour qui rien n'est sacré. Tout l'argent que je lui envoie, il l'emploie en boisson, et sa femme avoit fini par mettre toutes ses hardes en gage, pour lui procurer du vin. La pauvre femme, elle a bien fait de mourir ; elle ne se verra pas du moins, mépriser un jour, par l'enfant qu'elle a nourri ! »

Un torrent de larmes vint soulager

la bonne marchande; et elle appela ensuite ses petits enfans. « Ces innocentes créatures, dit-elle, je ne puis plus les garder avec moi et je vais les envoyer à la maison de charité. Ah ! si les gens riches qui nous emploient savoient le mal qu'ils nous font, quand ils ne nous payent pas, ils seroient sûrement plus exacts à remplir leurs engagemens. »

Mistriss Mason s'empressa de pourvoir aux besoins les plus pressans de sa famille, et lui promit de revenir la voir avant de quitter Londres.

Après avoir traversé en silence deux ou trois rues, mistriss Mason dit à ses pupilles : « J'espère, mes enfans, que vous avez été trop vivement affectées de l'histoire de la pauvre marchande, pour que j'aie besoin de la commenter. Vous voyez que ceux qui négligent de payer leurs dettes, font plus de mal qu'ils ne l'imaginent. Ces mêmes gens, cependant, se montrent généreux en public ; on les voit pleurer à une tragédie, ou au récit d'un conte touchant : à les entendre, personne n'est plus sensible qu'eux, et ils ne savent pas seulement être justes. Que dis-je? ils voyent sans remords l'innocent se plonger dans le vice par leur faute, des enfans périr d'inanition, et une pauvre veuve réduite au désespoir.

CHAPITRE XXIV.

Après que l'impression causée sur les élèves par le récit des infortunes du libraire et de sa famille, fut un peu diminuée, Caroline sollicita la permission de faire quelque nouvelle emplette ; mais, à force d'acheter, sa bourse se trouva bientôt épuisée. Lorsque mistriss Mason se fut aperçue que tout son argent étoit dépensé, elle fit chercher une personne dans le besoin. Il ne tarda pas à se présenter à elle une pauvre femme dont l'extérieur garantissoit d'avance tout ce qu'elle pouvoit dire de sa position. Elle tenoit un enfant, aussi souffrant qu'elle, appuyé contre son sein, qui paroissoit contenir à peine de quoi humecter ses lèvres désséchées.

Mistriss Mason en la questionnant, apprit qu'elle logeoit dans un grenier voisin. Son mari qui se trouvoit sans ouvrage depuis long-temps, étoit tombé malade. Le maître chez lequel il travailloit, avoit perdu insensiblement la plupart de ses pratiques, qui donnoient la préférence aux marchandises de fabrique étrangère. Il avoit été obligé, conséquemment, de renvoyer un grand nombre d'ouvriers , et ceux-ci ne trouvant plus à travailler, étoient réduits à la plus affreuse misère. La vérité de ce rapport fut confirmée par un honnête fabriquant, qui ajouta que parmi les criminels condamnés à la mort, beaucoup ne l'avoient méritée que faute d'ouvrage.

Mistriss Mason et ses élèves eurent bien de la peine, en montant les dégrés d'un escalier très sombre, à supporter la mauvaise odeur qui s'exhaloit de la maison, dont chaque chambre étoit habitée par toute une famille, trop occupée de se procurer les premiers besoins de la vie pour penser à la propreté, qui en fait, cependant, une partie essentielle. Mais quand le pain du lendemain n'est pas assuré, comment s'occuper de la propreté! Ainsi le désespoir met le comble à toutes les horreurs de la pauvreté.

La compagnie suivoit la pauvre femme qui les introduisit dans un galetas, où les rayons du soleil n'avoient jamais pénétré. Un homme, d'une pâleur extrême et portant une barbe très-longue, étoit placé devant une mauvaise cheminée en tôle, cherchant à se rechauffer avec un peu de cendre de charbon de terre. Près de lui étoient assis deux jeunes garçons, à-demi nuds, et respirant le même air nuisible. La gaieté naturelle à leur âge n'animoit point leurs yeux, et des rides prématurées remplaçoient sur leur visage les doux sourires de l'adolescence. C'étoient deux fleur désséchées dans leurs germes avant d'avoir pu s'épanouir.

Mistriss Mason ayant paru desirer que ses pupilles assistassent cette pauvre famille, Caroline baissa la tête de honte. Elle auroit voulu dans ce moment au fond de la mer tous les vains petits ornemens auxquels elle avoit employé, avec si peu de réflexion, son argent, tandis que Marie, fière d'être appelée à sauver la vie à toute une famille, vida sa bourse complètement. Caroline, d'un ton bien suppliant, demanda alors la permission à mistriss Mason de donner sa cravatte, pour couvrir le petit enfant.

Mistriss Mason engagea la mère à venir la trouver le lendemain, et elle sortit, emportant les bénédictions de la famille entière.

Caroline s'attendoit à un reproche de la part de son amie, et elle ne tarda pas à le recevoir. « Je suis charmée, lui dit mistriss Mason, de ce qui est arrivé, pour vous prouver combien la prodigalité et la géné-

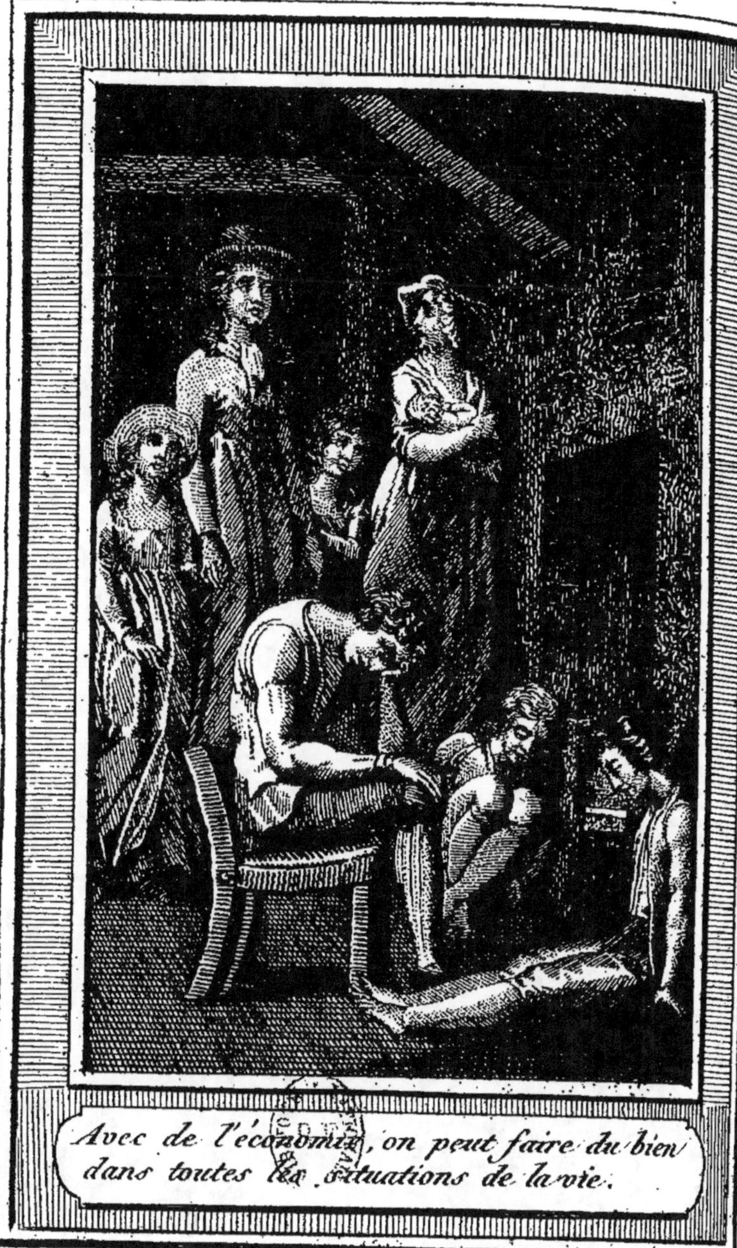

Avec de l'économie, on peut faire du bien
dans toutes les situations de la vie.

ro
no
ta
ét
gé
la

so
au
cœ
do
fai
sar
ave
jar
pa

em
leu
pe
les
qu
un

rosité sont incompatibles. L'économie et le renoncement à ses fantaisies sont nécessaires dans tous les
états de la vie, si l'on veut être
généreux et pratiquer les règles de
la justice.

« Marie jouira cette nuit d'un
sommeil paisible; aucun regret ni
aucun repentir n'agiteront son
cœur, et elle pourra, avant de s'en-
dormir, remercier le ciel de l'avoir
fait servir d'instrument à sa bienfaisance. Toutes ces bagatelles que vous
avez achetées, Caroline, vous ont-elles
jamais procuré une satisfaction com-
parable à celle-là?

« Les gens qui n'aiment qu'eux,
emploient leurs épargnes à satisfaire
leurs caprices et leurs goûts; les
personnes bienfaisantes consacrent
les leurs à faire du bien. L'argent
que nous dépensons mal-à-propos est
un vol fait au pauvre, et une jouis-

sance dont nous nous privons; car donner, c'est jouir. Voulez-vous être utile, mon enfant? réglez vos desirs, et ne vous mettez jamais dans l'impossibilité de secourir les autres. La misère ne se présente pas toujours dans les campagnes sous des formes aussi affreuses, que dans les grandes villes; mais, dans celles-ci, il est beaucoup de galetas occupés par des familles aussi malheureuses que celle que nous avons visitée cette après-dînée. Que d'indigens nous devroient le bonheur et la vie, par le seul sacrifice de nos fantaisies; et combien la récapitulation en seroit douce, lorsque nous compterions avec nous-mêmes! »

CHAPITRE XXV.

LE jour qui précéda celui où mistriss Mason devoit se séparer de ses pupilles, elle leur prit à chacune une main, et les pressa tendrement dans les siennes, en laissant échapper quelques larmes. « Je tremble pour vous, mes chères amies, leur dit-elle, car vous allez maintenant vous conduire par vous-mêmes, et j'attendrai avec inquiétude l'été, pour juger des progrès que vous aurez faits dans la route que je vous ai ouverte.

« Nous nous sommes entretenues souvent sur des sujets importans ; de grace, n'oubliez pas les conséquences que je vous en ai présentées.

« Évitez la colère, pratiquez la bienfaisance et chérissez la vérité. Rappelez-vous, dans la prospérité comme dans l'adversité, que toute notre force vient de cet être, créateur et dispensateur de toutes choses, et que vos prières doivent monter chaque jour vers lui. Ressouvenez-vous encore qu'il nous a donné deux guides pour nous conduire dans ce monde, la raison et la sensibilité. »

« Votre père vous accordera un revenu honnête; vous avez déjà senti le plaisir de faire du bien, sacrifiez à ce plaisir toutes vos fantaisies, et n'oubliez pas que de petites éco-nomies donnent le pouvoir de rendre de grands services. Le bien que vous voudrez faire, faites-le tout de suite; car le moment présent est le seul qui soit à nous.

« Vous possédez aujourd'hui toute ma tendresse; votre conduite dans le monde réglera mon estime pour vous. Ecrivez-moi souvent, je vous répondrai exactement. Que vos lettres soient l'expression simple de vos sentimens, et ne sacrifiez jamais la sincérité au petit amour-propre de faire de jolies phrases.

« Recevez comme un nouveau gage de mon affection ce recueil de préceptes et de maximes que j'ai rassemblés pour vous. Il en est quelques-uns, peut-être, que vous ne comprendrez pas bien encore; mais à mesure que votre entendement se fortifiera, vous en saisirez le sens.

« Adieu! Adieu! Vous ne me prouverez jamais mieux que vous m'aimez, qu'en observant ces préceptes; et je ne vous demande, pour toute récompense de mes peines, que d'entendre dire que vous chérissez et pratiquez la vertu. »

PRÉCEPTES

ET

MAXIMES.

I.

« C'est du premier moment de
la vie qu'il faut apprendre à mériter
de vivre. Il en est des principes reçus
dans l'enfance, comme de ces caractères tracés sur l'écorce des jeunes
arbres ; ils croissent, se développent
avec lui, et font partie de lui-même. »

I I.

« Ignorer ce qu'il nous est nécessaire de savoir, c'est comme le
voyageur qui se met en route sans
connoître son chemin. »

(215)

III.

« La vertu s'épure et se fortifie,
à mesure que l'esprit s'éclaire. »

IV.

« Il n'y a point de retraite où l'on
puisse être plus en repos et plus libre
que dans l'intérieur de son ame,
lorsqu'on y a mis de ces choses précieuses qu'on ne peut revoir et considérer sans se trouver aussitôt dans
un calme parfait. »

V.

« La science dans le genre le plus
utile, est toujours la plus estimable. »

VI.

« Un seul jour d'un homme instruit, est plus long que toute la vie
d'un ignorant. »

VII.

« Dans l'empire de la raison comme dans les mines d'or, on s'enrichit à proportion que l'on y creuse. »

VIII.

« Il faut toujours avoir présentes ces deux règles : l'une de ne rien faire que ce que dicte la raison; l'autre de changer d'avis quand quelqu'un nous prouve que notre opinion n'est pas juste. »

IX.

« La droiture du cœur est le fondement de la vertu. »

X.

« Ne considérez pas dans votre jeunesse les personnes âgées comme

des êtres différens de vous; vous ar-
riverez, si vous vivez, plus vîte que
vous ne vous l'imaginez, à leur âge,
et vous dépendrez également de la
bienveillance des personnes qui se-
ront plus jeunes que vous. Respectez
donc constamment les vieillards;
excusez leurs infirmités, tolérez leur
humeur, et rendez-leur la vieillesse
moins insupportable. »

X I.

« Il est une grâce particulière attachée à l'exercice de chaque vertu, et
la bienfaisance a la sienne; refusez,
mais n'humiliez pas. »

X I I.

« Dans l'âge où la vanité règne
avec le plus d'empire, appelez toutes
les vertus à votre secours. »

X I I I.

« On n'est jamais pauvre, quand on se règle sur la nature ; on n'est jamais riche, quand on se règle sur l'opinion. »

X I V.

« Lorsqu'il arrive de souffrir pour avoir fait son devoir, n'est-il pas agréable de penser que la faute est du côté d'autrui plutôt que de la nôtre. Il vaut bien mieux avoir de l'injustice à reprocher aux autres, que d'avoir donné un juste sujet à leur censure. »

X V.

« Dans le choix d'une amie, préférez une personne moins jeune que vous ; son expérience suppléera à la vôtre, et un seul mot d'avertissement de sa part dans l'occasion vous préservera du blâme de l'opinion publique. »

X V I.

« Il en est de l'ingratitude dans les enfans, comme si la bouche mordoit la main lorsqu'elle lui porte la nourriture. »

X V I I.

« Qui se détache du sein paternel, doit nécessairement se flétrir comme le rameau retranché de l'arbre. »

X V I I I.

« Affecter des qualités et des talens qu'on n'a pas, c'est vouloir obliger les autres à remarquer le ridicule et les défauts qu'on peut avoir. »

« La raison tient de la vérité, elle est une; l'on n'y arrive que par un chemin, et l'on s'en écarte par mille. »

X I X.

« Les deux plus grands biens que l'on puisse desirer sont l'estime de ses semblables et l'approbation de sa conscience. »

X X.

« Il faut de la confiance après l'amitié formée; du discernement avant de la former. »

X X I.

« L'amitié ne sauroit subsister sans l'estime, et il ne peut y en avoir de véritable qu'entre les gens de bien. »

X X I I.

« Qui ne fait pour son ami que
ce qu'il demande ne fait point assez ;
il faut prévenir ses besoins, et deviner
ses desirs. »

X X I I I.

« Les amitiés sont respectables,
même après qu'elles sont rompues. »

X X I V.

« Si la vertu n'étoit pas le plus
sublime élan du cœur, elle seroit le
plus sage calcul de la raison. »

X X V.

« Un certain sentiment de fierté et
d'estime pour soi-même élève l'ame,

et la rend capable des plus grands sacrifices. »

X X V I.

« Tous les talens réunis ne valent pas une vertu. »

X X V I I.

« S'il est louable d'être indulgent, il est indispensable d'être juste. L'indulgence pour le vice est une conspiration contre la vertu. »

X X V I I I.

« Deux choses nous rendent heureux : pouvoir ce qu'on veut, et vouloir ce qu'on doit. »

X X I X.

« Le vrai bien consiste dans ce

qui est utile à tous, et le vrai mal
dans ce qui leur est nuisible. »

X X X.

« Qui fait le bien des autres fait
le sien, comme on partage toujours
le mal qu'on fait aux autres. »

X X X I.

« Une conscience éclairée est un
guide infaillible. »

X X X I I.

« Qui délibère et combat contre
sa conscience, est déja vaincu. »

X X X I I I.

« C'est une grande simplicité de
l'amour - propre de nous montrer
toujours toute la nature intéressée
aux petits évènemens de notre vie. »

X X X I V.

« Rien n'use plus vainement la vie que de regimber contre la nécessité. S'irriter de ses maux, c'est doubler ses souffrances. »

X X X V.

« Bien écouter et bien répondre, est une des plus grandes perfections qu'on puisse avoir dans la conversation. »

X X X V I.

« Moins on pense, plus on parle; le sage est moins pressé de parler que de bien agir. »

X X X V I I.

« Le doute est le chemin qui mène à la vérité. »

XXXVIII.

« L'esprit qu'on veut avoir gâte celui qu'on a. »

XXXIX.

« Les demi-savans sont l'espèce la plus incommode ; les faux savans sont l'espèce la plus dangereuse. »

XL.

« Ce n'est que par la réunion des qualités du cœur et de l'esprit que l'on est essentiellement aimable. »

XLI.

« La raison supporte les disgraces, le courage les combat, la patience les surmonte. »

X L I I.

« Peu doit nous importer de ce qu'on pense et de ce qu'on dit de nous ; mais beaucoup nous importe de nous rendre compte à nous-mêmes de ce qu'on en doit penser et dire. »

X L I I I.

« Il faut être vrai, mais discret ; franc, mais sage. »

X L I V.

« Le bonheur consiste dans la juste proportion de ses desirs et de ses besoins avec les moyens de les satisfaire. »

X L V.

« Raisonner quand il s'agit de plaindre, c'est prouver qu'on a plus d'esprit que de sensibilité. »

X L V I.

« La probité s'arrête aux devoirs de justice, la bienfaisance va beaucoup au-delà. »

X L V I I.

« Le bien qu'on a fait la veille, fait le bonheur du lendemain. »

X L V I I I.

« C'est la vanité qui fait les choses d'éclat; c'est l'amour du bien qui fait les choses utiles. »

X L I X.

« Gardez - vous de l'ingratitude comme du plus grand des crimes; pardonnez-la comme la plus légère des fautes. »

L.

« Toujours quelque bien repose dans le sein du mal même, si les hommes se donnoient la peine de l'y chercher. »

L I.

« S'accommoder avec la pauvreté, c'est être riche. »

L I I.

« Il ne faut pas se rebuter aux premières difficultés qui se rencontrent dans le chemin de l'instruction ; la route s'applanit à mesure qu'on la parcourt avec courage. La perfection d'une pendule n'est pas d'aller vîte, mais d'être réglée ; il en est ainsi de notre esprit. »

L I I I.

« La paresse rend tout difficile ; le travail rend tout aisé. »

L I V.

« L'on est plus sociable et d'un meilleur commerce par le cœur que par l'esprit. »

L V.

« Il est plus aisé de réprimer la première fantaisie, que de satisfaire toutes celles qui viennent ensuite. »

L V I.

« Voir le but où l'on tend, c'est jugement ; y atteindre, c'est justesse ; s'y arrêter, c'est force ; le passer, c'est foiblesse. »

L V I I.

« Imitons l'exemple que nous donne la fourmi pendant l'été, si nous voulons nous reposer, comme elle, pendant l'hiver de notre vie. »

LVIII.

« Heureux qui peut rendre à son père et à sa mère tous les soins qu'il en a reçus dans son enfance ! Plus heureux encore qui leur rend leurs sourires, leurs caresses, leur joie, et y met autant de sentiment ! »

LIX.

« Un enfant tendre et vertueux n'a ni goûts ni sentimens à lui. Ce qui plaît à ses parens lui plaît ; ce qui les afflige l'afflige. Son cœur n'est que l'écho du leur. »

LX.

« Les joies de la piété filiale sont les seules qui ne s'usent jamais. »

LXI.

« Orner la vérité, c'est la défigurer ; le vrai se reconnoît à sa simplicité. »

L X I I.

« La vertu ne donne pas les talens, mais elle y supplée ; les talens
ne donnent ni ne suppléent la vertu. »

L X I I I.

« Il faut opposer au ressentiment
d'un tort présent le souvenir d'un
service passé. »

L X I V.

« On doit s'habituer à se contenter
de peu. Les personnes même les plus
riches rencontrent un grand nombre
de contre-temps et de traverses qui
s'opposent à leurs vœux. Nul homme
ne peut avoir tout à souhait ; mais
chacun peut ne pas desirer ce qu'il
n'a pas. »

L X V.

« L'utilité se mesure par son

étendue ; celle qui est commune à un plus grand nombre d'hommes mérite le plus d'estime. »

LXVI.

« Aimer à faire plaisir, être utile à ses semblables, c'est approcher de la divinité. »

LXVII.

« Il ne faut jamais oublier le service qu'on a reçu ; mais il ne faut jamais se ressouvenir de celui qu'on a rendu. »

LXVIII.

« De la façon dont on débute dans le monde, dépend sa réputation pour le reste de ses jours. »

LXIX.

« La sagesse consiste à laisser le

moins qu'il est possible nos destinées
aux caprices de la fortune, et à faire
sortir notre sort de notre prévoyance
et de notre raison. »

L X X.

« Celui qui s'accoutume de bonne
heure aux privations affranchit sa
vie des peines qui l'entourent ; car
passer la vie n'est pas traverser une
plaine. »

L X X I.

« Il n'est de vrais plaisirs qu'avec
de vrais besoins. »

L X X I I.

« Quand vous trouvez quelqu'un
en faute, comptez les vôtres ; c'est
un voile que vous jetterez sur les
fautes d'autrui. Moins on a d'indulgence pour soi-même, plus il est

aisé d'en avoir beaucoup pour les autres. »

L X X I I I.

« L'extrême défiance n'est pas moins nuisible que l'extrême confiance; trop et trop peu de secrets sur nos affaires témoignent également une ame foible. »

L X X I V.

« La candeur est la première marque d'une belle ame; elle en fait l'ornement le plus précieux; c'est la compagne du jeune âge. »

L X X V.

« On ne doit jamais rougir d'avouer qu'on a tort; car, en faisant cet aveu, c'est comme si l'on disoit qu'on est plus sage aujourd'hui qu'on ne l'étoit hier. »

L X X V I.

« Qui veut persuader et convaincre ne doit commander ni à la raison ni au sentiment ; sorti libre des mains de la nature , l'esprit de l'homme veut être éclairé, et non pas asservi. »

L X X V I I.

» Il en est des vices comme des maladies ; ils se gagnent par la fréquentation. »

L X X X V I I I.

« Juger sur les apparences expose à des erreurs , et souvent à des remords. »

L X X I X.

« Il faut bien examiner si ce que l'on promet est juste, ou si on peut le tenir ; car la promesse, une fois faite, ne doit plus être révoquée. »

LXXX.

« La piété filiale ne peut se passer d'aucune vertu ; mais que seroient les plus sublimes vertus sans elle ? »

LXXXI.

« Ce n'est qu'avec les yeux des autres qu'on peut bien voir ses défauts. »

LXXXII.

« Les pauvres enrichissent les riches par leur travail ; les riches ruinent les pauvres par leurs plaisirs. »

LXXXIII.

« C'est haïr tout le monde que de n'aimer que soi. »

LXXXIV.

« On n'est jamais vraiment heureux aux dépens du bonheur des autres. »

L X X X V.

« Il faut faire vîte ce qui ne presse pas, pour pouvoir faire lentement ce qui presse. »

L X X X V I.

« Une parole de trop gâte les meilleures affaires ; un moment de patience accommode les plus mauvaises. »

L X X X V I I.

« Le vuide d'un jour perdu ne sera jamais rempli. »

L X X X V I I I.

« Plus les repentirs sont prompts, plus ils en épargnent d'inutiles. »

L X X X I X.

« Nous ne sommes inconséquens dans nos actions, que parce que nous sommes inconstans ou vacillans dans nos principes. »

x c.

« Quiconque n'est pas dans son véritable caractère, n'est pas dans sa force. »

x c i.

« Les êtres sans caractère, sont des visages sans physionomie. »

x c i i.

« Les caractères foibles ont le double inconvénient de ne pouvoir se répondre de leurs vertus, et de servir d'instrument aux vices des autres. »

x c i i i.

« Un bon exemple est un flambeau qui en allume mille autres, et

multiplie la lumière, sans perdre de
son éclat. »

x c i v.

« Les passions se déguisent à
l'ombre des vertus limitrophes; ainsi
l'avarice se prétend économie. »

x c v.

« La raillerie est l'éclair de la
calomnie. »

x c v i.

« Rien n'est beau que le vrai;
le vrai seul est aimable. »

x c v i i.

« Les plaisirs sont amers, sitôt
qu'on en abuse. »

x c v i i i.

» Les vérités qu'on aime le moins

à entendre, sont celles qu'on a le plus d'intérêt à savoir. »

X C I X.

« Remplacez la perte d'un avantage ou d'un agrément par l'acquisition d'une vertu. »

C.

« Le meilleur goût tient à la vertu même, et disparoît avec elle. »

C I.

L'être véritablement louable est sensible à l'estime, et déconcerté par la louange. »

C I I.

« Il en doit être des manières comme du vêtement; celui-ci fait sortir la taille, et celles-là font sortir les mœurs. »

C I I I.

« Toutes les vertus ont entr'elles un lien de parenté; les vertus privées sont sœurs des vertus publiques. »

C I V.

« Si le méchant pouvoit être un autre que lui-même, il voudroit être un homme de bien. »

C V.

« Qui est aimable dans sa jeunesse, le sera dans sa vieillesse. »

C V I.

« On est bien près de la perfection soi-même, lorsqu'on sait la reconnoître dans les autres. »

C V I I.

« Il faut se conduire toujours avec la même retenue que si on étoit environné de témoins. »

C V I I I.

« Le sage est son censeur le plus sévère; il est son témoin, son accusateur et son juge. »

C I X.

« La nature nous a imposé le soin de nous conserver ; mais ce soin porté à l'excès devient un vice. »

C X.

« Publier les services qu'on rend, c'est en ternir l'éclat. »

C X I.

« Obliger promptement, c'est obliger deux fois. »

C X I I.

« Ne faites pas le bien pour qu'on vous le rende ; car la bienfaisance cesse de mériter ce nom, lorsqu'elle devient un échange. »

C X I I I.

« Le sage fait le bien comme il respire, c'est sa vie. »

C X I V.

« Dans le chemin de la vie, ne suivons pas les chemins détournés qui nous conduiroient au précipice, suivons la grande route. De toutes les lignes, la plus droite est la plus courte.

C X V.

« La vie est un journal sur lequel on ne doit inscrire que de bonnes actions. »

C X V I.

« Etre toujours sincère avec soi-même, c'est le moyen de n'être jamais faux avec les autres. »

C X V I I.

« La charité est cette affection constante et raisonnée qui nous iden-tifie avec nos semblables , et nous fait ressentir leurs maux comme les nôtres propres. »

C X V I I I.

« Se croire important, c'est une raison pour être petit toute sa vie. »

C X I X.

« Si nous voulons forcer nos en-nemis à nous louer, laissons à nos amis la liberté de nous reprendre. »

C X X.

« On paie cher le soir les folies du matin. »

C X X I.

« Ne se plaire que dans la dissi-

(245)

pation, ce n'est point activité; c'est délire. »

C X X I I.

« La paresse et la précipitation sont deux obstacles égaux au bien. »

C X X I I I.

« Il n'y a qu'un moyen de réparer le temps perdu, c'est de bien employer le reste. »

C X X I V.

« L'instruction est à l'ame ce que la santé est au corps. »

C X X V.

« L'esprit est un terrain qui produit en raison des semences qu'on y jette. »

— C X X V I.

« Ce n'est ni le passé ni l'avenir

qu'il faut étudier dans l'histoire;
c'est le présent. »

C X X V I I.

« La garde de toutes les vertus
est aisée ; la pratique des vices est
fort coûteuse. »

C X X V I I I.

« Plus une femme est belle, plus
elle perd à n'être pas modeste. »

C X X I X.

« Les jours, les mois, les années,
s'enfoncent et se perdent sans retour
dans l'abîme du temps ; la vertu
seule reste. »

C X X X.

« Il faut être juste avant d'être
généreux. »

C X X X I.

« Le plus riche des hommes, c'est

l'économe; le plus pauvre, c'est l'a-
vare. »

C X X X I I.

« Quiconque n'a pas de caractère
n'est pas un homme ; c'est une
chose. »

C X X X I I I.

« Ce ne sont pas les personnes les
plus instruites, et qui ont le plus de
talens, qui plaisent le plus, mais
celles qui savent exister pour les
autres et les faire valoir ; en un mot,
celles qui sont bonnes et aimables. »

C X X X I V.

« La bonté ne consiste pas seulement à ne pas faire de mal ; elle
doit être active à faire du bien. »

C X X X V.

« Ce n'est point ce qu'on apprend
qui instruit, c'est ce qu'on retient.

Faites que vos études se répandent sur vos mœurs, et que tout le profit de vos lectures se tourne en vertu. »

C X X X V I.

« Il y a une grande témérité à condamner ce qu'on ne sait point. »

C X X X V I I.

« Celui qui ne rougit point de sa faute l'augmente. »

C X X X V I I I.

« Publier les services que l'on a rendus, c'est les reprocher. »

C X X X I X.

« La modestie est au mérite ce qu'une gaze légère est à la beauté. »

C X L.

« Il faut gouverner la fortune

comme la santé, en jouir quand elle est bonne, et prendre patience quand elle est mauvaise. »

C X L I.

« Si la vanité ne renverse pas entièrement les vertus, du moins elle les ébranle toutes. »

C X L I I.

« Les vertus se perdent dans l'intérêt, comme les fleuves se perdent dans la mer. »

C X L I I I.

« Il y a autant de vices qui viennent de ce qu'on ne s'estime pas assez, que de ce que l'on s'estime trop. »

C X L I V.

« La raillerie est un discours en

faveur de son esprit contre son bon naturel. »

C X L V.

« Le succès de la plupart des choses dépend de savoir combien il faut de temps pour réussir. »

C X L V I.

« Quand on court après l'esprit, on attrape la sottise. »

C X L V I I.

« Aimer à lire, c'est faire un échange des heures d'ennui que l'on peut avoir en sa vie contre des heures délicieuses. »

C X L V I I I.

« Comment prétendre qu'un autre garde notre secret, si nous ne pouvons pas le garder nous - mêmes. »

C X L I X.

« La pudeur est le courage des femmes. »

C L.

« Il n'y a point de gens qui aient
plus souvent tort que ceux qui ne
peuvent souffrir d'en avoir. »

C L I.

« C'est en quelque sorte se donner
part aux belles actions que de les
louer de bon cœur. »

C L I I.

« La plus véritable marque d'être
né avec de grandes qualités, c'est
d'être né sans envie. »

C L I I I.

« Quiconque est trop indulgent
pour lui-même, est ordinairement
peu complaisant pour autrui. »

C L I V.

« Les meilleures intentions ont des
suites pernicieuses, quand elles ne
sont pas réglées par la sagesse. »

C L V.

« Le bien que nous avons reçu de quelqu'un, veut que nous respections le mal qu'il nous fait. »

C L V I.

« Les vrais besoins du cœur sont l'estime, la confiance, la reconnoissance et l'amitié. »

C L V I I.

« Un être sans libéralité est un arbre sans fruit. »

C L V I I I.

« Le même esprit qui mène à la connoissance de la vérité est celui qui porte à remplir ses devoirs. »

C L I X.

« Evitez d'employer la première partie de votre vie à rendre l'autre malheureuse. »

F I N.

TABLE

DES CHAPITRES.

CHAPITRE PREMIER. *Traitement à exercer envers les animaux. — Des fourmis. — Des abeilles,* page 15

CHAP. II. *Continuation du même sujet. — Différence entre l'homme et les animaux. — Trait touchant d'attachement d'un chien,* 28

CHAP. III. *Histoire du pauvre Robin. — Le prisonnier de la Bastille,* 35

CHAP. IV. *Histoire de Jeanne Fretful,* 46

CHAP. V. *Histoire de lady Sly et de mistriss Trueman,* 56

(254)

CHAP. VI. *Le vice nous fait perdre notre propre estime et celle des autres,* page 73

CHAP. VII. *La vertu envisagée comme l'ame de la beauté,* 78

CHAP. VIII. *Amusement d'une soirée d'été. — Arrivée d'une troupe de faneurs. — Une tempête. — La cabane du marin Jack ; son histoire et celle de Pompée, son chien fidèle,* 87

CHAP. IX. *Effets pernicieux de trop d'indulgence,* 103

CHAP. X. *Les dangers de l'indécision. — Histoire de Charles Townley,* 111

CHAP. XI. *Réflexions sur la parure. — La toilette de mistriss Trüeman,* 126

CHAP. XII. *En quoi consiste la vraie dignité du caractère,* 134

(255)

CHAP. XIII. *L'oisiveté produit la misère. — Les charmes de l'étude,* page 140

CHAP. XIV. *Histoire d'un joueur de harpe du pays de Galles,* 145

CHAP. XV. *Une promenade au clair de la lune. — Nécessité de la résignation dans le malheur,* 157

CHAP. XVI. *Histoire de M. Lofty et de sa fille, institutrice du village,* 161

CHAP. XVII. *La même histoire continuée et terminée,* 170

CHAP. XVIII. *Visite à l'institutrice du village. — Du vrai et du faux orgueil,* 175

CHAP. XIX. *Histoire de Peggy et de sa famille. — La veuve d'un marin,* 179

Chap. XX. *Visite à mistriss Trueman,* page 186

Chap. XXI. *La force d'ame, base de la vertu,* 189

Chap. XXII. *Voyage à Londres,* 194

Chap. XXIII. *Histoire d'une pauvre marchande de livres.* 197

Chap. XXIV. *Visite et secours à une famille indigente. — Les charmes de la bienfaisance,* 204

Chap. XXV. *Les adieux de mistriss Mason à ses pupilles,* 211

Préceptes et maximes, 214

Fin de la table des chapitres.